Meine kleine Katzenkunde

Spiel und Spass
mit meiner Katze

Spielregeln für das Leben mit Katze 5

Wie geht denn dieses Spiel 7
Katzensprache verstehen 11
Welcher Spieltyp ist Ihre Katze? 16

So beschäftigen Sie Ihre Katze 21

Toben und Klettern 21
Kratz- und Kletterbaum 23
Die Kuschelkiste 26
Die katzengerechte Wohnung 27
Die wilde Jagd im Wohnzimmer 30
Die Natur nachahmen 34
Katzen und ihre tierischen Spielkameraden 38

Beschäftigung im Freien 43

Sicherheit und Spaß auf dem Balkon 45
Die Katzenklappe 49
Mit der Katze in den Urlaub 50

Erziehung mit Freude	**55**
Spielen mit Katzenkindern	55
Mit älteren Katzen spielen	61
Clickertraining	67
Intelligenzspiele	68

Echte Partner: Kinder und Katzen	**73**
Beschäftigung für Kind und Katze	74

Für die Katze basteln und Feste feiern	**77**
Duftkissen, Katzenbonbons & Co.	78
Basteln für Katzenfreunde	84
Osterüberraschung für die Katze	89
Adventskalender & Co.	92
Impressum	96

Spielregeln für das Leben mit Katze

Ein kluger Mann sagte einmal: „Wer beim Anblick eines Kätzchens nicht zu lächeln beginnt, gehört zum Psychiater."

Und die meisten von uns beginnen nicht nur zu lächeln, sondern verspüren auch einen ungemeinen Drang, die Samtpfoten zu liebkosen. Das Wort Schmusekatze kommt schließlich nicht von ungefähr. Katzen lieben den Körperkontakt zu uns Menschen. Gerade Wohnungskatzen können nie genug davon bekommen: Sie umstreichen die Beine, machen es sich auf Bügelbrett oder Bürotisch bequem und hangeln mit der Pfote nach ihrem Menschen. Wer würde da nicht schwach werden und eine Kuschelstunde einlegen? Schließlich genießt nicht nur die Katze den sanften Kontakt, sondern auch ihr Mensch. Nichts ist nach einem langen Arbeitstag so entspannend wie ein schnurrendes Fellbündel, das sich wohlig an uns schmiegt.

Wo Katzen am liebsten gestreichelt werden

Rechts und links an der Lendenpartie, bis hin zum Schwanzansatz, sind Katzen extrem empfänglich. Am Schwanz selbst mögen Katzen nicht so gern angefasst werden. Und auch das Kraulen unterhalb des Schwanzes und an den Hinterbeinen schätzen Katzen nicht so sehr.

Der Rücken ist relativ unempfindlich, hier darf ruhig etwas fester gestreichelt werden. Nur nicht gegen den Strich. Etwas vorsichtiger sollten Sie in der Schulterregion agieren, denn auch Katzen können Verspannungen haben. Am liebsten haben Katzen das Streicheln der Schläfenregion (zwischen Augen und Ohr). Dazu kommen Stirn, Wangen und Kinnpartie. Streicheln Sie sanft mit den Fingerspitzen darüber, Ihre Katze wird Sie mit glückseligem Schnurren belohnen.

Der Bauch ist die kleine Problemzone der Katze. Einige empfinden es als unangenehm, dort berührt zu werden, da unter der Bauchdecke empfindliche innere Organe liegen. Berühren Sie die Katze dort also nur vorsichtig.

Viele Katzen mögen es, an den Pfoten berührt zu werden. Mit etwas Feingefühl können Sie die Ballen sogar sanft kneten. Der Bereich um die Krallen herum und die Krallen selbst sind jedoch empfindlich.

Das Kätzchen freut sich schon auf Streicheleinheiten.

Katzen spielen ihr Leben lang gern

Aber Katzen sind nicht nur süß und verschmust, sondern auch sehr verspielt. Und das bleiben sie meist ihr ganzes Leben lang. Mit ihrer Neugier und ihrem Bewegungsdrang können Katzenkinder ihren Menschen schon mal zur Verzweiflung treiben. Gut zu wissen, dass Katzen Spielregeln lernen können, wenn man sich Zeit für sie nimmt. Und davon profitieren beide, die Mieze und ihre Menschen. Katzenkinder brauchen Anleitung, um sich im Rahmen des Erlaubten auszutoben. Im Spiel probieren sie sich aus und entdecken ihre Fähigkeiten. Erwachsene Katzen haben hoffentlich gelernt, die Grenzen ihres Menschen zu akzeptieren, aber auch sie freuen sich über ein bisschen Spielzeit. Wenn der Mensch die Zeit investiert, um seine Mieze zu Beutespielen, Tobestunden und intelligenter Unterhaltung zu animieren, dient das auch ihrer Gesundheit: Ein gut trainierter Stubentiger mit wachen Sinnen bleibt lange fit und gesund. Denn Spielen bedeutet für Katzen nicht nur Spaß, sondern auch ein Schärfen der Instinkte, Trainieren der Fähigkeiten und Perfektionierung der Jagdtechnik – kurz: Es dient ihrem Wohlbefinden. Und ein tägliches Unterhaltungsprogramm hilft der Mieze, überschüssige Energie abzubauen.

Kleine Genießer

Katzen sind die geborenen Genießer. Auch wenn Wohnungskatzen bis zu 18 Stunden täglich schlafen – von Spiel, Spaß und Schmuseeinheiten können sie gar nicht genug bekommen. Und

Damit die Katze ausgeglichen und entspannt ist, sollte sie ausgelastet sein.

Die Samtpfoten lieben Verstecke – auch eine Papiertüte eignet sich hervorragend.

wir Menschen geben uns eine Menge Mühe, unsere Samtpfoten immer wieder aufs Neue zu überraschen, ob mit einem neuen Leckerchen oder mit einem neuen Spielzeug. Das stärkt die Bindung und ist für alle Beteiligten eine willkommene Abwechslung. Je mehr Sie sich mit Ihrer Katze beschäftigen, desto mehr Freude haben Sie an und mit ihr! Auf den folgenden Seiten finden Sie viele Tipps und Anregungen, die das Zusammenleben von Mensch und Mieze bereichern. Viel Spaß beim Lesen und Ausprobieren!

Wie geht denn dieses Spiel?

Junge Katzen müssen erst lernen, die Grenzen ihrer Menschen zu akzeptieren. Aber sie haben auch ihre Bedürfnisse, für die der Mensch Sorge tragen muss. Nicht nur Wohnungskatzen beanspruchen ein eigenes Mobiliar, wenn sie sich wirklich zu Hause fühlen sollen. Auch die Freigänger brauchen eine Ausstattung, sonst missbrauchen sie menschliches Inventar. Beispielsweise sind alle Katzen Gipfelstürmer, die von möglichst weit oben den Überblick über ihr Reich suchen. Wer nicht für ein entsprechendes Plätzchen sorgt, darf sich nicht wundern, wenn die Katze die Vorhänge als Leiter zur Fensterbrüstung benutzt oder es sich im Kronleuchter bequem macht. Eine Kratzsäule, die den Sprung auf die Schrankecke ermöglicht, wo ein Kissen wartet, ein Hocker, der den bequemen Aufstieg zur für die Katze reservierten Fensterbank sichert, lassen die Athleten solche Unarten schnell vergessen. Nicht alles muss gekauft werden, manchmal genügen ein paar Handgriffe, um aus einem menschlichen Möbel ein katzengerechtes Zubehör zu schaffen.

Immer zugänglich sollten der Katze sein: ihre Schlafplätze, der Kratzbaum, die Toilette, Futter- und Wassernapf. Wohnungskatzen brauchen zu-

In Ermangelung „echter" jagdbarer Beute darf es auch eine Spielzeugmaus sein.

sätzlich noch einen Fensterplatz, höher gelegene Aussichtsruhepole und ein Beuteersatzspielzeug. Wenn Sie Ihrer Mieze Katzengras zur Verfügung stellen, schont das die Topfpflanzen in der Wohnung. Freilaufkatzen sollten eine Katzentür vorfinden, die ihnen Aus- und Eingang gewährt.

Nicht alles ist erlaubt

Machen Sie Ihrer Katze von Anfang an klar, wo Ihre Tabuzonen liegen. Auch beim Spielen. So niedlich es sein mag, mit einem Kätzchen zu „raufen" – sobald sie scharfe Krallen und einen starken Biss haben, ist es nicht mehr lustig. Vermeiden Sie es daher, einem Katzenbaby aggressives Spielverhalten anzugewöhnen. Ihre Schuhe sollten für die Mieze in jedem Fall eine Tabuzone sein. Sonst ist bald nicht mehr viel davon übrig. Vor allem Finger und Zehen, die sich bewegen, sind für Katzen sehr anziehend. Allerdings kann das für Sie bald sehr schmerzhaft werden. Und die Katze versteht dann nicht, warum das schöne Spiel plötzlich nicht mehr erwünscht ist. Lassen Sie also im eigenen Interesse von Anfang an die Finger von solchen Beutespielen, auch wenn die Katze noch so viel Spaß daran hat. Sie werden genügend andere Spielmöglichkeiten finden, bei denen alle Beteiligten auf ihre Kosten kommen.

> **Info**
>
> ### Scharf ins Gesicht pusten
>
> Das ist ein wirksames Stoppsignal, wenn kleine Kätzchen zu übermütig werden. Es erinnert sie an das warnende Anfauchen ihrer Katzenmutter.

Katzen sind Gewohnheitstiere

Planen Sie die Spielstunden mit Ihrem Stubentiger ruhig als feste Termine in Ihren Kalender ein, damit Sie sich regelmäßig bewusst Zeit nehmen. Katzen sind Gewohnheitstiere! Das Spielen, am besten täglich, stärkt die Beziehung von Mensch und Mieze. Es fördert die Harmonie und sorgt auch beim Katzenhalter für Entspannung und Stressabbau.

Man darf aber nie vergessen: Die Katze ist ein feinfühliges Geschöpf und spürt, ob Hochstimmung herrscht oder der Haussegen schiefhängt. Es hat keinen Sinn, in gestresstem oder genervtem Zustand zu spielen. Die Mieze merkt das sofort und zieht sich zurück. Auch ein abrupter Spielabbruch kann als negativ empfunden werden: Wenn Sie die Spielangel von jetzt auf gleich in die Ecke werfen, wird die Katze dies als Bestrafung ansehen. Vermeiden Sie daher Missverständnisse bei der Kommunikation.

Und auch die Katze hat nicht immer gleich viel Lust auf Spielen und Toben. Es gibt Katzen, die weniger spielbedürftig sind. Ist die Katze aber sonst sehr temperamentvoll und lehnt das Spiel plötzlich ab, kann eine Krankheit dahinterstecken. Beobachten Sie Ihre Mieze dann genau,

Spaß haben soll das Kätzchen! Zeigt es Furcht, so setzen Sie sein Vertrauen aufs Spiel.

Spielregeln für das Leben mit Katze

Fangspiele jeder Art – gerne auch mit Ball – sind bei Katzen jeden Alters beliebt.

„Jetzt könnte es gefährlich werden – da lege ich mal lieber den Rückwärtsgang ein …"

und gehen Sie lieber einmal mehr zum Tierarzt als einmal zu wenig.

Und wann spielen? Am besten natürlich abends, wenn die Dämmerung beginnt und die Stubentiger normalerweise auf die Jagd gehen würden. Das hat auch den Vorteil, dass die Mieze nach der Spieleinheit müde ist und nicht mitten in der Nacht auf die Idee kommt, wild herumzutoben.

Nachher, wenn der Stubentiger tüchtig was geleistet hat, hat er sich natürlich eine Belohnung redlich verdient. Leckerlis eignen sich dafür bestens. Bedenken Sie aber bitte bei der täglichen Futterration, wie viel die Mieze zwischendurch bekommt, und ziehen Sie die entsprechende Futtermenge ab. So bleibt sie langfristig beweglich und fit. Gemeinsame Kuschelrunden im Anschluss an die Spielstunde tun gut – sowohl der Katze als auch dem Menschen!

Die Katzensprache verstehen

Damit Sie Ihren Stubentiger verstehen und dessen Spiellust einschätzen können, müssen Sie sich auf die spezielle Kommunikationsart der Samtpfoten einlassen. Katzen sind Meister der Körpersprache. Silhouette, Schwanz, Ohren und Augen dienen einer Katze als Instrumente der Verständigung gegenüber Freunden und Feinden. All ihre Launen und sogar ihre nächsten Handlungen sind daraus abzulesen. Wenn Sie Ihren Stubentiger gut beobachten, können Sie mit der Zeit immer besser mit Ihrem Liebling kommunizieren. Hier sind einige Hilfen für den Anfang:

Entspannte Ausgeglichenheit

Ausgeglichenen Gemütszustand demonstriert die Mieze durch den waagerecht bis leicht gesenkten

Spielregeln für das Leben mit Katze

Stundenlang können sich Katzen mit dem „Erbeuten" der Stoffmaus beschäftigen.

Schwanz, der zwar die Körperbewegungen nachvollzieht, sonst aber keine Regung zeigt. Der Hals wird schräg nach oben gehalten, sodass der Kopf der höchste Punkt ist. Die Haare liegen überall glatt an. Die Ohren sind gespitzt, die Augen aufmerksam geöffnet.

Eine freudige Begrüßung

Diese Haltung verändert sich nicht, wenn sie beim Rundgang ein ihr bekanntes Geschöpf trifft, das ihr absolut gleichgültig ist. Dabei ist es egal, ob es sich um Mensch oder Tier handelt. Nähert sich ihr ein Wesen, dem sie freundlich gesinnt ist, schnellt quasi als Begrüßungssignal der Schwanz senkrecht nach oben, sie beschleunigt die Schritte und sucht kurzen Körperkontakt. Zögernder kreuzt sie den Weg eines ihr noch Unbekannten, wenn dieser nicht bedrohlich wirkt. Dann biegt sich der Schwanz zu einem „S", die Schwanzspitze zuckt als Zeichen innerer Anspannung, die Pupillen weiten sich und die Ohren sind starr auf den Fremden gerichtet. Ob sie flieht oder sich nähert, hängt jetzt von dessen Reaktion ab.

Das Köpfeln – ein Vertrauensbeweis

Als freudige Begrüßung können Sie es auch werten, wenn Ihre Katze den Kopf an Ihnen reibt. Das ist ein Ausdruck von Vertrauen. Außerdem gibt die Katze so ihren individuellen Geruch ab und markiert ihr Revier.

Konfrontation – Katzen sind nicht immer zahme Stubentiger

Feinden und Rivalen begegnet eine Katze, indem sie sich so groß wie möglich macht. Dazu hat sie ein ganzes Instrumentarium parat: Sie kann den berühmten Katzenbuckel machen, der die Silhouette höher wirken lässt. Sie kann Rücken- und Schwanzhaare sträuben und auch damit die Körpermaße erweitern. Und sie kann sich auf die

Zehenspitzen stellen, alle Gelenke der Beine durchdrücken und sich so bis zu 3 cm größer machen.

Plant sie einen Angriff oder befürchtet einen solchen, wird sie die vorher starr auf den Gegner gerichteten Augen schließen (um sie zu schützen) und die Ohrmuscheln zur Seite flach an den Kopf legen. Will sie eine handgreifliche Konfrontation vermeiden, wird sie den Gegner fixieren und seitlich an ihm vorbeizutaksen versuchen. Äußerstes Warnzeichen fürs Gegenüber bedeutet eine Katze, die sich seitlich hat fallen lassen: Jetzt hat sie ihre schärfste Waffe, die Krallen, frei und kann zuschlagen.

Manchmal fühlen Katzen sich bedroht und merken – bei näherem Hinschauen –, dass sie falschem Alarm aufgesessen sind. Dann muss sich die innere Anspannung, der aufgebaute Stress, durch eine Ersatzhandlung entladen: die sogenannte Übersprungsreaktion. Das kann hektisches Putzen sein, ein unvermitteltes Fauchen oder eine Scheinjagd hinter einem imaginären Feind.

Das Treteln – Relikt aus der Kindheit

Um den Milchfluss der Mutter anzuregen, trampeln die Katzenbabys beim Saugen kräftig gegen deren Bauch und gegen die Zitzen. Das gleichzeitig entstehende Glücksgefühl der Sättigung und Geborgenheit trachtet auch die erwachsene Katze wiederzuerlangen. In Augenblicken höchster Seligkeit, auf dem Schoß ihrer Menschen, bearbeitet sie mit beiden Pfoten die Oberschenkel oder die Decke, auf der sie liegt. Das bedeutet: Ich fühle mich wohl und sicher. Für den Menschen ist das nichts weniger als eines der schönsten Komplimente, die Ihnen Ihr Stubentiger machen kann! Allerdings gibt es einen kleinen, aber deutlich fühlbaren Unterschied: Die Krallen der Babys sind noch weich und biegsam, die aus-

„Jetzt mach ich mich erst mal ganz groß. Mal sehen, wie mein Gegenüber reagiert."

„Jetzt geh ich auf Angriff: Einfach heftig fauchen und die Krallen ausfahren."

So ein Katzenbuckel in Verbindung mit gesträubtem Schwanz macht mächtig Eindruck.

gefahrenen Krallen der Schmusekatze dagegen graben sich tief in Stoff oder Haut ein. Trotzdem: Stürzen Sie das Tier nicht in tiefste Verwirrung, indem Sie es schimpfen. Warten Sie auf einen günstigen Augenblick und stehen Sie dann energisch auf, das weckt sie nicht ganz so unsanft aus ihren Träumen.

Das Flehmen

Erst stutzt sie, dann bekommt der Blick etwas Verklärtes, sie legt die Schnurrhaare an und öffnet das Maul. Minutenlang steht oder sitzt sie so da, heftig atmend. Sie flehmt: Ein Geruch hat ihre Neugier geweckt, und sie will ihn intensiver erforschen. Denn eine Samtpfote geht unbekannten Düften nur zu gern auf den Grund. Dazu schaltet eine Katze ihren Tastsinn aus und konzentriert sich voll auf die einströmende Luft mit den Aromastoffen. Hinter dem Gaumen sitzt das Jacobsonsche Organ, ein zusätzlicher Riechsinn, der den Duft aus der Luft filtert und die Geruchsinformationen ans Gehirn weiterleitet. Das Flehmen setzen Katzen hauptsächlich ein, wenn sie auf die über Drüsen und Urin ausgeschiedenen Pheromone (Sexualduftstoffe) anderer Katzen stoßen.

Kein Moment für Streicheleinheiten

Wenn eine Katze beim Streicheln mit dem Rückenfell zuckt, ist das ein Zeichen dafür, dass sie in Ruhe gelassen werden möchte. Die Berührung ist ihr unangenehm, und wenn Mensch die Schmusestunde jetzt nicht sofort abbricht, wird sich die Katze vermutlich wehren oder das Weite suchen.

Wenn die Katze blinzelt

Auch Augensprache wird in Katzenkreisen großgeschrieben. Starr fixieren sich zwei, die einander nicht wohlgesonnen sind. Mit einem Augenzwinkern bedeutet man sich gegenseitig Zuneigung. Geblinzelt wird aber auch, um einander mitzuteilen, dass „alles in Ordnung" ist. Sogar „Tu mir nichts, ich tu dir auch nichts" drücken Katzen durch drei- oder viermaliges Klimpern mit den Lidern aus.

Eine scheue Katze können Sie beruhigen, wenn Sie sich ihr auf Sichtweite nähern und dann mehrfach langsam die Augen schließen. Und eine fremde Katze, die sich Ihnen nähern möchte, sagt Ihnen mit zwei Wimpernschlägen, dass sie Gefallen an Ihnen gefunden hat.

Oder gähnen Sie Ihre Katze doch mal an – das signalisiert ihr: „Ich bin entspannt, alles ist in Ordnung."

Das Schnurren

Beim Schnurren ist kein Zweifel möglich – die Katze fühlt sich wohl. Das Schnurren ist angeboren und dient der Kommunikation zwischen

Ganz klar: Dieser Mieze ist etwas nicht geheuer.

Schon ganz junge Kätzchen „üben" mit ihren Geschwistern, wie man Konflikte austrägt.

der Katzenmutter und ihren Jungen. Sozusagen als Signal, dass alles in Ordnung ist. Wenn Sie das beruhigende Geräusch hören, können Sie also auch selbst locker lassen – Sie machen alles richtig!

Man muss als Halter kein Profi sein, um die Sprache seiner Katze zu verstehen. Es reicht oft ein genaues Beobachten des Katzenverhaltens. Gehen Sie auf die verbalen und non-verbalen Mitteilungen Ihrer Katze ein.

Verbale Kommunikation

Wenn es um Körpersprache geht, sind Katzen also wahre Meister und kommunizieren deshalb hauptsächlich lautlos. Nur einige wenige Rassen kommunizieren auch „verbal". Dabei können Katzen durchaus laut werden, wenn sie wollen. Ein Katzenmiauen in normaler Lautstärke beträgt 40 Dezibel, jedoch ist noch viel Luft nach oben. Legen es Katzen wirklich darauf an, so erreicht ihr Miauen eine Lautstärke von bis zu 80 Dezibel. Und das ist immerhin vergleichbar mit dem Lärm eines vorbeifahrenden Autos! Je nach Dringlichkeit und Bedürfnis kann der Laut in der Tonhöhe und der Vehemenz unterschiedlich ausfallen. Einige Katzen haben bei ihrem Miauen ein breit gefächertes Repertoire.

Solch ein Potenzial kommt nicht von ungefähr. Schon die kleinen Kätzchen geben fiepende Laute von sich, die der Mutter ihre Bedürfnisse signalisieren. Erwachsene Katzen greifen beim Menschen wieder auf die frühkindlichen Laute zurück: Sie miauen. Miaut eine Katze ungewöhnlich viel, sollte der Besitzer aufhorchen: Möglicherweise hört die Katze schlecht oder sie ist krank.

Kommt die Katze in das Seniorenalter (zehn Jahre plus), ist es nicht ungewöhnlich, wenn sie unvermittelt nach ihrem Zweibeiner ruft. Dies sollte vom Katzenbesitzer jedoch keineswegs als Schikane von Katzenseite aufgefasst werden – der Senior ist verwirrt und macht mit seinem Miauen deutlich: „Ich brauche dich!"

Dann sollte man dem Senior liebevoll Schutz gewähren, ihn streicheln und ihm Zuwendung geben, damit er sich geborgen fühlen kann.

Mit der Katze sprechen

Geben Sie selbst ihr wiederum Signalworte, an die feste Handlungen gebunden sind. Wichtig ist dabei vor allem die Tonlage. Die Katze soll den Unterschied zwischen einem freundlichen „Gut gemacht" und einem strengen „Nein!" deutlich erkennen können. Und versuchen Sie, den Namen Ihrer Katze nur in einem positiven Kontext zu verwenden. Benutzen Sie ihn also nicht dann, wenn Sie mit ihr schimpfen, sondern stattdessen beim Streicheln oder wenn Sie die Mieze loben. Sonst verknüpft sie den Namen bald nur noch mit unangenehmen Erfahrungen und wird unsicher.

Welcher Spieltyp ist Ihre Katze?

Als geborene Jäger sind Katzen auch passionierte Spieler. Aber es gibt Unterschiede. Und nicht alle spielen die gleichen Spiele gerne.
Es gibt Katzen, die stehen auf Action und jagen jeder Spielangel hinterher, bis ihnen die Luft ausgeht, oder sie schleudern ihre Spielmaus mit einem wuchtigen Prankenhieb hoch auf ihren Kratzbaum und springen wild hinterher, als hinge ihr Überleben vom Erlegen dieser einen Beute ab. Solche Katzen brauchen naturgemäß besonders viele Tobestunden.
Andere Samtpfoten begeistern sich mehr für strategische Herausforderungen und beobachten erst still, ehe sie aktiv werden. Sie sind von jedem neuen Intelligenz- und Knobelspielzeug begeistert – aber oft nur genau so lange, bis sie wissen, wie es funktioniert. Da heißt es erfinderisch werden und die Mieze mit immer neuen Herausforderungen locken.
Wieder andere – und das ist keine Frage des Alters – halten es wie Winston Churchill: „Sport ist Mord". Diese Katzen nehmen Spielangebote einfach nicht zur Kenntnis. Keine vor die Pfoten geworfene Spielmaus kann sie reizen, und auch eine vorbeisummende Fliege lässt sie kalt. Schon weil solche Vertreter gern ein paar Kilo zu viel ansetzen, sollten Sie versuchen, sie aus der Reserve zu locken. Denn Bewegung ist für jede Katze wichtig. Also müssen Sie so lange herum probieren, bis Sie eine Spielvariante finden, die Ihrer Katze zusagt. Und sei es, dass ihre Katze sich ihr Futter erarbeiten muss. Für Leckerchen tun Katzen schließlich (fast) alles!

Testen Sie Ihre Samtpfote!

Mit dem folgenden Test können Sie herausfinden, zu welchem Spieltyp Ihre Katze neigt. Notieren Sie zu jeder Frage, welche Antwort auf Ihre Katze zutrifft, und zählen Sie am Schluss, welche Buchstaben Sie am häufigsten angekreuzt haben.

1. Ein Spielzeug rollt unter das Sofa, unter das die Katze nicht kriechen kann. Was tut sie?
A. Sie umkreist das Sofa eine Weile.
B. Sie angelt mit der Pfote nach dem Spielzeug.
C. Sie holt sich ein anderes Spielzeug.
D. Sie gibt das Spiel auf.

2. Ein Spielzeug landet auf einem Möbel, auf das die Katze hinaufgelangen kann. Was tut sie?
A. Sie sucht zielstrebig nach einem Kletterweg hinauf.
B. Sie springt waghalsig hinauf.
C. Sie schaut hinauf und ist unschlüssig.
D. Für sie ist das Spiel beendet.

3. Sitzt Ihre Katze manchmal stundenlang am Fenster und schaut hinaus?
A.+B. Nein
C.+D. Ja

Um etwas zu erhaschen, kann man sich schon mal auf die Hinterbeine stellen.

Spielregeln für das Leben mit Katze

4. Sie lassen einen Pappkarton herumstehen. Was tut die Katze?
A. Sie schaut nach, was drin ist, und findet eine leere Schachtel kaum interessant.
B. Sie ist von dem neuen Spielzeug begeistert: springt rein und raus, wirft die Schachtel um, nutzt sie als Versteck.
C. Sie umkreist den Karton, inspiziert ihn von außen und innen, springt hinein und hinaus, will alles über ihn herausfinden.
D. Sie probiert aus, wie gut man darin schlafen kann.

5. Statt den Napf zu füllen, werfen Sie Ihrer Katze Trockenfutterbröckchen einzeln zu. Wie reagiert sie?
A. Sie hechtet begeistert hinterher und frisst jedes Stück sofort auf.
B. Sie versucht Ihnen das Futter aus der Hand zu schlagen.
C. Sie spielt nicht mit, sondern geht zur herumstehenden Futterpackung, um sich zu holen, was sie will.
D. Sie setzt sich empört neben ihren Napf und wartet.

6. Ein Vogel oder Eichhörnchen taucht auf dem Balkon auf. Was tut die Katze?
A. Sie verwandelt sich in Sekundenbruchteilen in ein jagendes Raubtier und erwischt das Tier vielleicht.
B. Sie schleicht sich an, erwischt die Beute aber ganz sicher nicht.
C. Sie peitscht aufgeregt mit dem Schwanz, keckert, aber kann sich erst zum Angriff entschließen, wenn die Beute schon wegfliegt bzw. wegspringt.
D. Sie schaut interessiert zu, tut aber nicht mehr.

7. Wenn der Katze eine Maus direkt vor die Nase laufen würde, was würde sie tun?
A. Blitzschnell zuschlagen und die Beute töten.
B. Katz und Maus spielen.
C. Die Maus entkommen lassen und dann vor ihrem Versteck warten, bis sie wieder auftaucht.
D. Sie würde dem kleinen Tier nur hinterherschauen.

8. Sie stellen einen Blumenstrauß auf den Couchtisch. Was passiert?
A. Die Katze spielt so wild in der Wohnung, dass die Vase bestimmt bald umgeworfen wird.
B. Die Katze probiert sofort, wie die Blumen schmecken, und wirft die Vase dazu um.
C. Die Katze angelt an Blumen, taucht die Pfote ins Wasser, um es zu probieren; dabei kann die Vase umkippen.
D. Die Katze interessiert sich nicht für die Blumen.

9. Sie spielen mit Ihrer Katze? Wer hat zuerst keine Lust mehr?
A. Sie selbst.
B. Ihre Katze wird nie müde.
C. Die Katze möchte bald etwas anderes spielen.
D. Die Katze verliert sehr schnell die Lust am Spielen überhaupt.

10. Sie lassen einen Korb mit mehreren Wollknäulen auf dem Boden stehen. Was macht Ihre Katze?
A. Sie springt hinein und untersucht alles.
B. Sie rollt ein Knäuel nach dem anderen quer durchs Zimmer ab.
C. Sie springt hinein und probiert aus, wie gut Wolle als Kissen taugt.
D. Sie schaut kurz hinein und lässt den Korb dann links liegen.

Wem würde es nicht Spaß machen, mit diesem Katzenkind zu spielen?

Auflösung:

Typ A – die Kämpferin:
Sie ist eine Katze, die auf einen Bauernhof passt. Sie ist eine exzellente Jägerin und bereit, um das zu kämpfen, was ihr wichtig ist. Freilaufkatzen dieses Typs kommen fast nur zum Fressen und Schlafen heim. Und wenn sie zu Hause sind, haben sie selten Lust zum Spielen. Leben sie als Wohnungskatzen ausschließlich drinnen, wird aus dem Spiel schnell Ernst (streichelnde Hände werden gekratzt), denn sie sind ständig auf der Jagd nach Beute und Bewegung. Eine Katze dieses Typs muss sich zwischendurch so richtig austoben können – ideal sind Beutespiele jeder Art.

Typ B – die Abenteurerin
Diese Katze sucht in ihrer unbegrenzten Neugier immer wieder das Abenteuer und die Gefahr, weil sie das Leben als aufregendes Spiel sieht. Als Freiläufer gehört sie zu jenen Katzen, die in fremde Wohnungen gehen und dort bisweilen auch unbemerkt eingesperrt werden. Nicht selten kommt sie auch mit Unfallverletzungen nach Hause. Als Wohnungskatze ist sie der Boss im Haus und nimmt alles auseinander, was ihr interessant erscheint: Topfpflanzen, Blumensträuße, Nippesfiguren und Ähnliches. Beschäftigen Sie eine solche Katze gut, sonst stellt sie die Wohnung auf den Kopf!

Typ C – die Forscherin
Auch diese Katze ist neugierig, aber nicht unbegrenzt wagemutig. Sie ist eher bedächtig. Für sie ist jede offene Schranktür oder Schublade eine Einladung, das mögliche Geheimnis dahinter zu erkunden. Sie kann an keiner Höhle, keinem Pappkarton vorbeigehen, sondern muss wie ein Detektiv sofort auf Spurensuche gehen, alles genauestens untersuchen und Fakten sammeln. Mit Intelligenzspielzeug können Sie den kleinen Forscher aus der Reserve locken!

Typ D – die Träumerin
Es gibt Katzen, die sind zum Spielen einfach zu faul und sehen nicht ein, warum sie sich körperlich anstrengen sollten. Ihnen reicht es, den Tag mit Schlafen, Fressen und Schmusen zu verbringen.
So einer Träumerin kann man ein Spielzeug vor der Nase vorbeiziehen und sie greift allerhöchstens mit der Pfote danach, aktiv hinterherzujagen käme der Mieze aber nie in den Sinn. Das sollen doch andere tun. Glückwunsch – genießen Sie entspannte Schmusestunden! Aber achten Sie auch auf die Fitness Ihrer Samtpfote, denn ganz ohne Bewegung rostet selbst eine Katze ein und setzt Speck an.

So beschäftigen Sie Ihre Katze

Egal ob Freilaufkatze oder Stubentiger, in der Regel behält eine Katze ihr Leben lang Freude am Spielen. Regen Sie sie dazu an, es wird auch Ihnen Vergnügen bereiten.

Katzen, so niedlich sie auch sein mögen, sind Raubtiere, die ihren Jagdinstinkt auch während der langen Zeit, die sie schon mit dem Menschen verbringen, nie ganz abgelegt haben. Gerade der Stubentiger, der wenig Anregung durch Reize im Freien bekommt, wird sich also sehr darüber freuen, wenn er mit Ihrer Hilfe „Beute machen" kann. Und Spielzeug findet, das seine Sinne anregt. Das Wichtigste daran aber ist, dass Sie sich Zeit für Ihre Katze nehmen und sich immer wieder etwas Neues für sie einfallen lassen. Beobachten Sie Ihre Mieze gut und gehen sie auf ihre Bedürfnisse ein – dann wird sie begeistert mitspielen.

So spannend wie draußen

Wohnungskatzen und solche, die nur eine begrenzte Freiheit draußen nutzen können, haben kein eigenes Revier oder echte Beute, wie sie frei laufenden Katzen ganz selbstverständlich sind. Deshalb muss der Mensch dafür sorgen, ihnen

Spielen hält ihre Katze fit und gesund.

diese Bedürfnisse so gut es geht zu ersetzen. Besonders wichtig für das Wohlbefinden ist es, dass die Mieze drinnen genügend Bewegungsmöglichkeiten hat. Die Katze muss sich austoben können, ihre Sinne wachhalten und auch geistig gefordert werden. Dafür brauchen Sie in den meisten Fällen weder viel Platz noch teures Zubehör. Viele Spielsachen lassen sich selbst herstellen oder aus Alltagsgegenständen nachbauen. Der Mensch sollte sich aber ausreichend Zeit zum intensiven Spiel nehmen, am besten täglich eine gute Stunde, und der Samtpfote immer wieder neue Spielanregungen bieten. Dann sind die meisten Katzen mit ihrem Wohnungsdasein mehr als zufrieden.

Toben und Klettern

Auch wenn Katzen zwei Drittel des Tages verschlafen, fühlen sie sich am wohlsten in einer Wohnung, die zugleich ein immer wieder neuer Abenteuerspielplatz für sie ist. Eine coole Designer-Einrichtung mit einem schwarzen Ledersofa

Ist das nicht toll, wie viel Unterhaltung so ein Papierstreifen nicht nur im Fasching bietet?

Und jetzt: einmal zielen und rein ins Tor.

auf weißen Fliesen und sonst fast nichts im Zimmer ist für Stubentiger ein Gestaltungsalbtraum. Eine vollgestopfte Wohnung, in der Katze nicht drei Meter geradeaus rennen kann, ist es allerdings ebenfalls. Katzen wollen immer wieder etwas zu entdecken haben und schätzen eine Auswahl an Liegeplätzen, Höhlen und dunklen Ecken zum Verstecken. Und natürlich braucht die Mieze Platz zum Toben. Vor allem eine Wohnungskatze, die keinen Freilauf hat, keinen gesicherten Garten, wo sie spurten, klettern, springen und jagen kann, braucht einen Ersatz für all dies in ihren vier Wänden. Dabei kann man richtig kreativ werden und sollte die baulichen Gegebenheiten ausnutzen. Ein Haus mit vielen Zimmern, Treppen und Ebenen braucht keine eigene Katzen-Wohnlandschaft. Doch je kleiner eine Wohnung ist und je mehr Katzen sie sich teilen, desto wichtiger ist es für sie, dass sie buchstäblich die Wand hochgehen und sich auf unterschiedlichen Ebenen bewegen können.

Kratz- und Kletterbaum

Will man verhindern, dass die Mieze menschliches Inventar missbraucht, ist eines unumgänglich: Eine Kratzgelegenheit muss her, damit die Katze sich in der Wohnung austoben kann. Selbst Freilaufkatzen mögen schließlich nicht bei jedem Wetter vor die Tür gehen. Aber auf das tägliche Krallenschärfen wollen und können sie genauso wenig verzichten.

Das Angebot reicht von Kratzmatten über Kratzstämme bis zu Rollen, Wellen und Wippen mit Sisalbespannung. Bei einer Kratztonne oder Kratzhöhle hat die Samtpfote gleichzeitig eine kuschelige Rückzugsmöglichkeit mit Ausguckloch. Entscheidet man sich für einen klassischen Kratzbaum, kann man aber im gleichen Zug noch ein weiteres wichtiges Bedürfnis der Mieze abdecken: Er dient ihr auch als Klettergerüst. Denn Katzen sind keine reinen Bodentiere, sondern erobert auch den Luftraum über sich – durch Klettern und mit hohen Sprüngen. Dabei schaffen sie fünfmal ihre eigene Höhe, mühelos und ohne Anlauf.

Miezes Fitnesstraining: Springen und Klettern

Eine Katze besitzt ein ganzes Inventar an Sprüngen. Dazu gehört der Geradeaussprung, kalkuliert und als Jungtier oft geübt: der Zielsprung auf die Beute. Am Start leisten die Krallen der Hinterbeine Widerstand zum Abheben, in der Luft steuert der Schwanz als Seitenruder die Richtung. Oder der plötzliche Sprung, der vor einem Verfolger retten soll, gerne auch mal rückwärts in die Luft. Im Einsatz sind immer auch die Krallen: zum Festhaken auf dem Landeplatz der Wahl sind sie ausgefahren. Beim Klettern auf einen Baum dagegen dienen sie als Steigeisen, und der Schwanz macht sich als Balancier-Stange nützlich. Keine

Info

Abenteuerspielplatz

Mit wenig Aufwand lässt sich die Wohnung zum Katzenspielplatz umfunktionieren. Haben Sie Ihrer Mieze schon mal ein Mobile geschenkt? Hängen Sie eine Socke mit einer Füllung aus Katzenminze, eine Feder und einen Spielball an unterschiedlich lange Schnüre an einen Küchenstuhl, und auf kleinstem Raum entsteht ein unterhaltsames Highlight im Katzenalltag. Ein deckenhoher Kratz- und Kletterbaum ist optimal, muss aber nicht zwingend sein, wenn Sie Aufstiegs-Alternativen anbieten können, wie eine „Katzentreppe" in Form Ihrer Anbauwand oder Regalbretter an der Wand. Heimwerker bauen auch schon mal Laufstege für ihre Stubentiger knapp unter der Zimmerdecke oder durch die offene Tür. Zur Not bietet auch ein einfaches, gut befestigtes Holzregal der Katze eine willkommene Klettergelegenheit.

Sorge, falls Ihnen die Sprünge zu gewagt erscheinen – Katzen haben eine Ablauf-Automatik entwickelt, die sie immer sicher und wohlbehalten auf die Füße fallen lässt. Den Boden erreichen Katzen stets auf allen vieren – der Schwanz verhindert sozusagen als Gegengewicht eine Überdrehung des Körpers in der Luft.

Aber all das will natürlich regelmäßig trainiert werden. Geben Sie Ihrem Stubentiger also mit einem Kratzbaum in ausreichender Höhe die Gelegenheit, ihre naturgegebene Klettertechnik zu perfektionieren, die Krallen scharf und den Körper fit zu halten.

So gefällt der Kratzbaum Ihrer Katze

Im besten Fall steht der Kratzbaum auf dem Trampelpfad der Katze, dort also, wohin sie sich nach einem längeren Schlaf zuerst begibt. Meis-

An einem mit Sisal überzogenen Katzenbaum kann man schön die Krallen wetzen.

tens ist das der Weg vom Schlaf- zum Futterplatz. Idealerweise ist der Kratzbaum so aufgestellt, dass die Katze in vollem Spurt quer durch das Zimmer aufspringen und weiterklettern kann und von oben gute Sicht auf die Tür und aus dem Fenster hat.

Der Kratzbaum sollte einen Pfosten aus rauem Material haben wie zum Beispiel Sisal, Hanf oder Teppichbodenstoff. Auch Weichholz mit rauer Struktur wird von Katzen gern zum Abschilfern der Krallen genommen.

Einen nagelneuen Baum nehmen Katzen nicht gern an, weil ihnen ihr eigener Geruch darauf fehlt. Deshalb setzen Sie das Tier sofort darauf und streicheln es so lange, bis es sein Köpfchen schnurrend an dem Pfosten reibt.

Vor allem Wohnungskatzen springen mit Schwung gegen ihren Kratzbaum, sodass dieser möglichst stabil befestigt sein sollte. Im Fachhandel gibt es deckenhohe Modelle, die einen schweren kippsicheren Sockel haben und sich unter der Decke verankern lassen. Natürlich genügen auch niedrige Türmchen – Hauptsache, das Standbein lässt sich kräftig mit den Krallen bearbeiten.

Weil die Kratzbäume gern auch zum Klettern und Spielen benutzt werden, sind Modelle sinnvoll, die mehrere Etagen haben, wovon eine als Höhle geformt ist und eine weitere als Schlafkuhle. Am Kratzbaum lassen sich auch Klettersteige zum nächsten Schrank oder Regal anbringen. So vergrößert sich der Aktionsraum der Mieze beträchtlich. Vielleicht können Sie ja auch ein Eck im Bücherregal frei räumen und mit einem kleinen Fell oder Vorhang ausstatten. So gewinnt die Katze einen attraktiven Rückzugs- und Beobachtungsort.

Den Kratzbaum selber bauen

Einen Kratzbaum können Sie auch selber bauen: Bespannen Sie einen massiven Pfosten mit Teppichboden, setzen Sie ihn in einen Kübel, den Sie mit Blitzzement oder Beton ausfüllen und bringen Sie mit Winkeleisen in verschiedenen Höhen einige Brettchen oder Weidenkörbe an. Auch ein knorrig gewachsener, kräftiger Baum bzw. Ast (gut geeignet sind Weide, Nussbaum, Pappel und Birke) kann als natürlicher Kratzbaum dienen. Wenn Sie Ihre Katze restlos glücklich machen wollen, kombinieren Sie den Baum

> **Info**
>
> ### Wenn der Kratzbaum missachtet wird
>
> Wo Katzen statt des „eigenen Baums" Tapeten oder das Sofa zum Krallenschärfen benutzen, steht der Kratzbaum schlicht falsch. Bedecken Sie die benutzte Kratzstelle mit einer Plastikplane und stellen Sie direkt daneben einen Ersatz: Ein bespanntes Brettchen genügt. Sobald die Katze es akzeptiert hat, rücken Sie das Brett Stück für Stück an den von Ihnen gewünschten Ort, bis er am „Ziel" steht. Erst dann und keinesfalls vorher dürfen Sie Sofa oder Wand von der Plastikplane befreien.

> **Info**
>
> ### Der ideale Kratzbaum für Katzenbabys
>
> Katzenbabys brauchen noch keinen hohen Kletterbaum. Bereits Tischhöhe reicht aus, wobei die Plattformen eine bequeme Treppe bilden sollten, damit die kleine Mieze beim Abstieg nicht abstürzen kann. Für die Kratzflächen ist Teppichboden oder weiches Sisal besser geeignet als Massivholz, weil die Krallen bei Katzenbabys noch empfindlich sind.

So beschäftigen Sie Ihre Katze

oder Ast mit kuscheligen Liegeflächen. Dafür lassen sich einfache Spanplatten verwenden, die festgeschraubt und mit Teppichbodenresten beklebt werden.

Die Kuschelkiste

Ein eigenes Schlafkörbchen ist gut und sollte in einem Katzenhaushalt selbstverständlich sein, aber eine Privathöhle, in der man spielen kann, ist noch viel besser. Soll es edel aussehen, finden Sie solche Spielmöbel im Zoofachhandel, wie z.B. Spieltunnel aus weichem Plüschstoff mit eingesetzten festen Zwischenringen. Oder Sie schenken Ihrer Katze einen Kinderspieltunnel, dessen nachgebende Wände bei jeder Berührung so aufregend rascheln.

Unbegrenzt begeistert sind Katzen immer von einem großen Pappkarton mit eingeschnittenem Eingang und mehreren „Fenstern" als private Spielkiste. Katzen lieben den Geruch von Kartons, das Material und die Versteckmöglichkeiten, die sich ihnen darin bieten. Wenn sich dann noch Seidenpapier darin befindet, ist die Katzenfreude nicht mehr zu bremsen. Es darf aber gern auch

Zu einem Spiel mit der Federangel wird eine Katze nie Nein sagen.

Einfach toll, so ein Pappkarton zum Verstecken!

Info

Das Katzenrevier

Wenn Sie den Spielkarton Ihrer Mieze optisch ansprechend in Ihre Wohnung integrieren möchten, bekleben Sie ihn doch einfach mit attraktivem Papier oder verschönern Sie ihn mit Farbe. Wenn Sie danach noch Katzenmotive anbringen, zum Beispiel mithilfe einer selbst gestalteten Schablone, wird Ihre Mieze den neuen Einrichtungsgegenstand sicher gern annehmen und genauso viel Freude daran haben wie Sie selbst!

Auch jeder Art von Schatzsuche mit versteckten Leckerlis in Kisten, Körben und Töpfen, unter Kissen und Läufern, kann keine Katze widerstehen. Wenn sie hin und wieder einen leckeren Schatz erbeuten kann, wird die tägliche Revierkontrolle durch alle Ecken der Wohnung gleich viel spannender für die Mieze.

mal eine große Einkaufstüte aus Papier sein. Die raschelt so schön. Oder Sie stellen einfach die Transportbox Ihrer Mieze an einem attraktiven Ort auf – das hat auch noch den Vorteil, dass sich die Katze spielerisch an die Box gewöhnt und der Weg zum Tierarzt beim nächsten Mal entsprechend entspannter abläuft. Hauptsache, es gibt in der Spielhöhle etwas zu entdecken.

Die katzengerechte Wohnung

Moderne Einrichtung schön und gut – aber eine Katze wird sich dafür nicht begeistern. Richten Sie Ihrer Mieze eine Ecke ein, die nur ihr gehört. Schließlich will und soll sich die Katze auch alleine beschäftigen, denn Sie können nicht 24 Stunden in der Wohnung sein und immer beim ersten „Miau" zum Spielen parat stehen. Ein raschelnder Spieltunnel kann den Zugang zu Miezes Reich bilden. Wenn Kuschelhöhlen als Ruheplatz, Kratzmöglichkeiten, Kartons zum Hineinkriechen und Balanciergelegenheiten angeboten werden und ein paar aufgehängte Glöckchen zum Spielen einladen, kann sich der Stubentiger prima allein die Zeit vertreiben. Aber ein Parcours bietet auch zahlreiche Möglichkeiten für das Spiel zu zweit. Motivieren Sie Ihre Mieze doch mal zu einem richtigen Hindernislauf!

Catagility

Sport liegt im Trend – auch für unsere Samtpfoten. Catagility heißt die neue Herausforderung für Stubentiger, eine Idee aus Amerika, die mittlerweile auch ihren Weg nach Europa gefunden hat: Die Katze soll unter Anleitung ihres Menschen einen Hindernisparcours aus unterschiedlichen Hürden, Rampen, Tunneln und Slalomstangen überwinden. Inspiriert wurde Catagility vom Hundesport: Nicht nur hierzulande ist „Agility" die beliebteste Turniersportart auf Hundeplätzen.

So beschäftigen Sie Ihre Katze

„Wie bekomme ich nur das Glöckchen aus dem Ball heraus – eine echte Herausforderung!"

Der Spielparcours

Auch wenn sich Catagility wohl nicht flächendeckend als Wettkampfsport durchsetzen wird, schon weil sich Katzen nicht gern herumkutschieren lassen, hat die Sache dennoch Charme. Ein katzengerechter Hindernisparcours bietet den Stubentigern, die nicht draußen jagen können, wunderbare Bewegungs- und Beschäftigungsmöglichkeiten und bereichert ihren Alltag. Für einen Parcours im Wohnzimmer lässt sich in jedem Haushalt das nötige Zubehör finden.

Einen Parcours aufbauen

Umgekippte Stühle eignen sich als Hürden zum Überspringen. Mit Wasser gefüllte Plastikflaschen oder umgedrehte Blumentöpfe geben eine prima Slalomstrecke ab. Wenn schon kein echter Spaziergang über das Dach möglich ist, dann vielleicht ein simulierter? Ein langes Brett, mit Schraubzwingen an zwei Küchenstühlen befestigt, lädt zum Balancieren ein. Vielleicht können Sie sogar mehrere Stühle durch Holzlatten verbinden, damit die Katze darüber laufen kann. Achten Sie aber darauf, dass nichts wackelt oder unsicher aufliegt. Auch der vorhandene Kratz- und Kletterbaum lässt sich bestens in den Parcours integrieren, ebenso wie Spieltunnel oder Hula-Hoop-Reifen. Kartons, mit Raschelpapier

Info

Übrigens

Wenn sich Ihre Katze mitten im Spiel plötzlich putzt oder ihre Pfote leckt, ist das ein Zeichen von Überforderung. Gehen Sie mit dem Training sofort ein paar Schritte zurück und vereinfachen Sie die gestellten Aufgaben.

gefüllt oder umgedreht und mit Ausschnitten zum Hineinkriechen versehen, können zu spannenden Hindernissen werden.

Die Katze motivieren

Mit einem Federwedel oder einem Spielzeug an der Schnur gilt es dann, den Stubentiger von Hindernis zu Hindernis zu locken. Am besten, man fängt langsam mit dem Training an und spart nicht mit Lob und Belohnung. Feuern Sie die Mieze mit lockender Stimme an oder säuseln Sie ihr mit hoher, sanfter Stimme zu.

Leckerli, die die Mieze sonst nicht bekommt, zeigen ihr, dass sie etwas besonders gut gemacht hat. Dafür eignen sich zum Beispiel ein Stückchen Käse (manche Katzen bevorzugen Ziegenkäse, natürlich aber bitte nur in kleinsten Mengen verfüttern), Fisch ohne Gräten oder ein Stück gekochte und ungewürzte Hühnerbrust. Spezielle Katzenrezepte machen es einfach, für den kleinen Gourmet ganz besondere und gleichzeitig gesunde Leckerchen zuzubereiten. Mit Speck (oder besser: gesunden Leckereien) fängt man eben nicht nur Mäuse, sondern auch Katzen!

Bei der Beschäftigung mit manchen Gegenständen sieht man den Katzenkopf „arbeiten".

Die wilde Jagd im Wohnzimmer

Gegenüber herrenlosen Streunern schwelgt eine Wohnungskatze im Luxus: Sie muss nicht lange nach Nahrung suchen, braucht sich nicht vor Feinden zu fürchten, hat es nicht nötig, ihr Revier gegen fremde Eindringlinge zu verteidigen und kennt innerhalb weniger Tage ihre Umgebung so genau, dass sie sich blind zurechtfinden würde.

Den Jagdtrieb stimulieren

Das hat aber auch einen Nachteil – es droht gähnende Langeweile und ein Abstumpfen der Supersinne. Übers Spiel können Sie diese wecken und wachhalten, dem Stubentiger die Chance geben, sich körperlich fit zu halten und geistig rege zu bleiben. Insbesondere braucht die Mieze ein Ventil, um ihren Jagdtrieb auszuleben. Der ist nämlich angeboren, und auch eine Katze, die noch nie eine lebendige Maus gesehen hat, stürzt sich instinktiv auf alles, was sich bewegt. Es handelt sich vermutlich um ein festes Verhaltensprogramm, das die Katze abspult. Zum Beispiel, wenn sie eine lebende Maus ins Haus schleppt, sie laufen lässt, zur Flucht animiert und dann erneut packt. Bei weiblichen Katzen kommt noch eine Instinkthandlung dazu: Katzenmütter bringen ihren Babys ab der dritten Lebenswoche lebendige Beute ins Nest, um mit ihnen Fangverhalten zu trainieren. Mit Jagdspielen

Stubentiger im Tigerfellkörbchen – da haben sich zwei gefunden.

Geschenke auspacken macht Katzen Spaß, und zwar nicht nur wegen des Inhalts.

können Sie der Wohnungskatze einen Ersatz für das Beutemachen in freier Natur liefern. Denn: Keine Katze kann das Mausen lassen. Springen, Schleichen, Spurten, Kletterkünste – alles dient der erfolgreichen Jagd. Bei einer jagenden Katze wächst die innere Erregung bis zu dem Moment, in dem sie sich auf die Beute stürzt. Der Körper ist auf Höchstleistung geputscht und muss sich wieder entladen. Machen Sie es Ihrem Stubentiger also nicht zu leicht!

Es gilt, Jagd, Kampf und Flucht zu simulieren. Den Beutefangtrieb reizen Sie mit jeder Art von Höhlen: Ein Pappkarton, in den Sie mausgroße Löcher schneiden, dient diesem Zweck genauso wie die Würfel mit den eingestanzten Öffnungen, wie man sie im Fachhandel findet. Oder schneiden Sie einfach Löcher in eine leere Küchenpapierrolle, verstecken Futter oder eine Spielbeute darin, zum Beispiel ein kleines Plüschtier, und lassen die Katze darauf los. Beim Herausfingern der Beute wird sie jede Menge Spaß haben!

Einfache Ideen garantieren Spaß!

Jedes knisternde, piepsende Geräusch erinnert Katzen an lebendige Mäuschen – ob es raschelndes Papier ist oder das Quietschen eines Gummiballs kümmert sie nicht. Wichtiges Element bei jeder zünftigen Jagd ist die Bewegung: der Flug einer Feder, das Rollen eines Balls, die Schwingungen einer Stoffmaus am Seil oder das Hopsen eines Plüschtiers auf einer Spirale.

Das Unerreichbare ist meist das Begehrteste! Lassen Sie Ihren Stubentiger ruhig mal vor einem Ersatz-Mauseloch sitzen. Dazu eignen sich Schuhkartons, in denen Leckerlis liegen. Der Karton sollte so stehen, dass die Katze mit der Pfote hineinangeln muss.

Manchmal reicht schon eine Rolle Toilettenpapier, die gut zwei Drittel ihrer Papiermenge bereits verloren hat. Die ist nicht mehr zu groß, zu mächtig, aber lässt sich mit einem Pfotenhieb ab- und weiterrollen, und Katze kann sie fest mit den Vorderpfoten umklammern, während sie mit den

So beschäftigen Sie Ihre Katze

Info

Ganz wichtig

Lassen Sie Ihre Katze auch mal „gewinnen", sonst verliert sie die Freude am Spiel. Und geben Sie Ihr am Schluss die Gelegenheit, mit ihrer Jagdbeute einige Minuten allein zu sein, damit sie ihren Erfolg voll auskosten kann!

Hinterpfoten den „Feind" wild strampelnd schreddert. Das herunterhängende Papier auf der Rolle im Bad kann demgegenüber kaum noch zum Angriff locken.

Vielleicht ist schon ein Bogen Zeitungspapier auf dem Boden, das sich bei jedem Windhauch oder Anstupsen weiterbewegt, bei jeder Berührung knistert und lebendig erscheint, für Ihre Mieze interessant. Noch spannender wird es, wenn Sie ein Stück Schnur mit einem Korken daran langsam unter dem Papier durchziehen.

Mit manchen Beutespielen kann die Katze sich die Zeit, in der Sie nicht zu Hause sein können, prima allein vertreiben, für einige andere braucht sie einen Partner. Den Feind können Sie ihr mit einem großen Stofftier ersetzen, das sie anfauchen und vor dem sie fliehen kann. Den Rivalen findet sie in Ihnen. Spielen Sie Verstecken mit ihr oder Fangen. Oder, noch besser: Besorgen Sie ihr einen Katzenfreund, mit dem sie sich messen kann.

Und wenn die Katze keine Lust hat?

Auch wenn Katzen in aller Regel gerne spielen: Nicht alle Miezen sind wilde Tiger. Manche Samtpfoten sind sogar richtig schüchtern. Wundern Sie sich also nicht, wenn Ihre Katze bei neuem Spielzeug nicht gleich begeistert die Krallen wetzt, sondern erst mal einen Sicherheitsabstand wahrt. Während die einen voller Eifer dem Spielzeug nachjagen, wirkt frontales Animieren auf die anderen abschreckend. Tricksen Sie eine vorsichtige Mieze aus, indem Sie selbst mit dem Spielzeug spielen. Das zeigt Ihrem Schützling, dass keine Gefahr droht, und er bekommt Lust, sich einzuklinken.

Wenn die Mieze der neuen Stoffmaus die kalte Schulter zeigt, ist sie vielleicht auch einfach nicht in Spiellaune. Seien Sie dann nicht enttäuscht, sondern lassen Sie Ihrer Katze Zeit. Einmal vom Jagdfieber gepackt, können Sie mit ihr herumtoben und lassen das Spiel dann langsam ausklingen, damit die Samtpfote sich auf das Spielende einstellen kann.

Lassen Sie Spielzeug nicht immer herumliegen, sondern verstecken sie es und geben es nur für kurze Zeit heraus. Das macht die Spielsachen spannend. Wenn Sie manche Sachen für ein paar Monate verschwinden lassen, kann Samtpfote sie

Gespitzte Ohren – Kätzchen ist voll bei der Sache.

Die Krallen sind ausgefahren – jetzt wird's aber gleich Ernst.

So beschäftigen Sie Ihre Katze

Interessant, so eine Lampe mit Glasperlen – wenn es da nur nicht Scherben gibt …

wieder ganz neu entdecken. Und niemals zu viele Spielsachen gleichzeitig anbieten: Wenn die Katze zu viel Spielzeug zur Verfügung hat, kann es zu einer Reizüberflutung kommen und die Mieze verliert die Lust.

Eine andere Ursache für Spielunlust kann folgende sein: Das Spielzeug „stinkt" dem Stubentiger. So wie sich Katzen manchmal untereinander nicht riechen können, so kann ihnen auch das Spielzeug unangenehm erscheinen, wenn es zum Beispiel nach neuem Plastik riecht. Tricksen ist erlaubt: Besprühen Sie die Spielsachen mit einem speziellen Spray, etwa mit der Duftnote Katzenminze, und die Mieze wird es sicher gleich viel interessanter finden!

Die Natur nachahmen

Wenn der freie Auslauf zu gefährlich, kein Garten vorhanden und auch die Mini-Freiheit eines Balkons nicht möglich ist, muss die Wohnung für die Katze zum Abenteuerspielplatz werden. Dabei können Sie auch ein bisschen Natur ins

> **Info**
>
> **Der Laubkasten**
>
> Herbstblätter rascheln, wenn sie getrocknet sind, herrlich, sie duften in der Katzennase unwiderstehlich nach Natur, und das federleichte Laub lädt zum Wühlen und Wälzen ein. Gönnen Sie Ihrer Katze eine Ladung bunter trockener Blätter, die Sie in einem großen Karton anhäufen. Als Extra-Anreiz können Sie ein paar Leckerbissen hineinwerfen. Meist genügt aber der Laubkasten, um Mieze zum Probeliegen zu veranlassen.

Haus holen und der Katze so neue Gerüche und haptische Erfahrungen bieten: Mit einem Karton voll trockenem Heu, mit Ästen oder Baumstämmen, einer Handvoll Kastanien oder einem Schüsselchen mit frisch gefallenem Schnee zum Schlecken. An Letzteres werden sich zwar die wenigsten Katzen tatsächlich herantrauen, aber spannend ist es allemal. Oder Sie versuchen es einmal mit einem gemeinsamen Spaziergang!

An der Leine spazieren gehen

Wenn Ihre Mieze weder frei herumstromern darf noch auf einem Balkon die Sonne genießen kann, ist ein Spaziergang an der Leine die einzige Möglichkeit, ein bisschen rauszukommen. Am besten gewöhnen sich junge Katzen an Geschirr (besser kein Halsband, die Katze könnte durchrutschen) und Leine, weil sie noch anpassungsfähig sind. Bei älteren Miezen brauchen Sie etwas mehr Geduld, aber auch sie akzeptieren den Spaziergang an der Leine vielleicht als willkommene Abwechslung. Je neugieriger und bewegungsfreudiger der Stubentiger, desto besser für das Vorhaben.

Bei der Gewöhnung an Geschirr und Leine helfen Leckerchen und viel Lob als Belohnung, Zwang ist dagegen kontraproduktiv. Gehen Sie stufenweise vor, nehmen Sie sich viel Zeit und beobachten Sie die Reaktionen Ihrer Katze ganz genau.

Gewöhnen Sie Ihre Katze zunächst im Haus daran, ein Halsband zu tragen. Es sollte so locker

Beutemachen – eine super Beschäftigung.

„Wie komm ich da bloß ran?"

So beschäftigen Sie Ihre Katze

> **Info**
>
> ### Vorsicht
>
> Wenn Sie nicht regelmäßig Zeit für Spaziergänge haben, sollten Sie die Mieze besser erst gar nicht daran gewöhnen. Findet sie nämlich Gefallen an der Sache, könnte es sein, dass sie die Zeit im Freien immer wieder einfordert, auch mittels Kratzen an der Tür.

sitzen, dass Sie noch einen Finger darunterschieben können. Wechseln Sie auf Brustgeschirr und lassen Sie es Ihre Katze stundenweise tragen, bis sie es gewohnt ist. Nehmen Sie dann Ihre Katze im Zimmer an die Leine und trainieren Sie, mit ihr gemeinsam durch die Wohnung zu gehen, ohne dass sie gegen die Beschränkung ankämpft. Am besten benutzen Sie eine Leine, die der Katze ausreichend Spielraum gewährt, zum Beispiel eine für kleine Hunde. Lassen Sie die Mieze aber nie unbeaufsichtigt mit dem Geschirr herumlaufen – sie könnte gefährlich hängenbleiben.

Erst wenn Ihre Katze die Leine selbstverständlich akzeptiert, dürfen Sie erste Schritte nach draußen gehen. Wählen Sie eine ruhige Zeit und eine ebensolche Umgebung, denn jedes fremde Geräusch, jedes Auto, das vorbeifährt, kann Ihre Katze zur Flucht veranlassen. Achten Sie auch darauf, dass bei den ersten Ausflügen möglichst kein Hund in der Nähe ist. Im Vorfeld sollten Sie den Impf- und Zeckenschutz Ihrer Mieze kontrollieren.

Wenn die Katze Geschmack am Spazierengehen gefunden hat, wird sie wahrscheinlich eher mit

Katzenangel im Einsatz macht Mieze munter.

Beute in Sichtweite – das Interesse ist geweckt.

Spielzeug, das sich bewegt, ist besonders interessant.

Ihnen spazieren gehen anstatt umgekehrt, ganz nach dem Motto „Der Mensch denkt, und die Katze lenkt". Eine Katze hat eben auch an der frischen Luft ihren eigenen Kopf. Geduld ist also wichtig. Folgen Sie Ihrer Samtpfote einfach auf ihrem Erkundungsgang.

Mit Wasser spielen

Bei Wasser verstehen Katzen keinen Spaß – heißt es immer. Wenn es regnet, ziehen sie sich tatsächlich lieber auf einen warmen Kuschelplatz zurück und auch gewaschen zu werden, ist den meisten Exemplaren nicht geheuer. Katzen putzen sich lieber selber. Zum einen behalten sie damit den individuellen Duft ihrer Pheromondrüsen am Maul und um den Schwanz herum. Bei einer Wäsche mit Wasser würde dieser Geruch verloren gehen. Zum anderen ist das Fell für die Katze ein wichtiges Sinnesorgan. Es dient der Wahrnehmung von Gefahren und kann im nassen Zustand diese Funktion nicht erfüllen.

Ab in die Badewanne!

Trotzdem gibt es Katzen, die regelrecht mit allen Wassern gewaschen sind und das kühle Nass durchaus schätzen. Waschbecken und Duschkabinen bieten ihnen eine willkommene Gelegenheit zum Plantschen und erfrischenden Auflecken zurückgebliebener Wassertropfen. Ein laufender Wasserhahn fordert den Spieltrieb heraus. Und viele Katzen spielen gern in der Badewanne, auch und gerade wenn kein Wasser darin ist. Zum Beispiel mit einem Korken, der lustig hüpft. Setzen Sie mal eine zweite Katze dazu – das gibt ein pfotenfestes Pingpong-Spiel!

So beschäftigen Sie Ihre Katze

„Hab ich dich endlich erwischt!"

Info

Sich riechen können

Da Katzen sich stark an Düften orientieren, können Sie mit einfachen Mitteln dafür sorgen, dass der Neuankömmling für Ihre Erstkatze angenehm und vertraut riecht. Zum Beispiel, indem Sie das Fell mit Babypuder oder Katzenminze bearbeiten, oder wickeln Sie die neue Mieze vor der ersten Begegnung in die Kuscheldecke des anderen Stubentigers ein.

Der Zimmerspringbrunnen

Zimmerbrunnen werden von Katzen als Durstlöscher und Zeitvertreib geschätzt. Auch trinkfaule Miezen finden so plötzlich Gefallen am kühlen Nass. Und das ist gut, denn im Allgemeinen trinken Katzen viel zu wenig, und eine gesteigerte Flüssigkeitszufuhr kann den vor allem bei älteren Exemplaren verbreiteten Nierenproblemen vorbeugen. Natürlich ist es wichtig, bei Zimmerbrunnen genauso wie bei sonst angebotener Nahrung auf Frische und Hygiene zu achten, sonst kann es leicht zu Magenproblemen oder Erbrechen kommen.

Bieten Sie Ihrer Mieze doch mal eine flache Schüssel an, die mit schwimmendem Badespielzeug bestückt ist. So kann sie Entchen und Fische fangen, ohne sich allzu sehr nass zu machen. Überschwemmungen lassen sich am besten vermeiden, wenn Sie den künstlichen Angelteich zur Benutzung gleich in die Badewanne stellen. Auf jeden Fall lohnt es sich, die Katze ohne Zwang ausprobieren zu lassen, ob sie an Wasserspielen und Co. Gefallen findet.

Katzen und ihre tierischen Spielkameraden

Nicht alles, was sie braucht, kann der Mensch seiner Katze schenken. Zum Lebenskomfort gehört – neben Streicheleinheiten, Futter, einem Zuhause und Spielen – auch der Kontakt mit anderen Tieren. Dabei ist eine zweite Katze als Spielgefährte immer vorzuziehen, denn bei aller Pflege und Beschäftigung müssen Singlekatzen, die ausschließlich in der Wohnung leben, auf etwas Wichtiges verzichten: gegenseitiges Putzen, Austausch und Kommunikation mit Artgenossen. Ein Kollege ist deshalb eine große Bereicherung. Vor allem dann, wenn Mieze sich auch mal ein paar Stunden allein beschäftigen soll. Aber auch artfremde Tiere können den Spaßfaktor im Katzenalltag erhöhen.

Eine zweite Katze anschaffen

Wer länger alleine gelebt hat, entwickelt Eigenheiten und ist nicht bereit, ohne Weiteres einen Rivalen zu akzeptieren. Vermeiden Sie Eifersucht, indem Sie den Neuzugang anfangs nicht zu überschwänglich liebkosen. Und geben Sie den beiden ausreichend Zeit, sich aneinander zu gewöhnen.

Die beste Kombination ist der gleichzeitige Einzug von zwei Geschwistern des gleichen Wurfs, die möglichst noch verschiedene Geschlechter haben sollten. Solche Paare bleiben meist lebenslang unzertrennlich. Einem älteren Tier sollte man ein möglichst junges des anderen Geschlechts zugesellen. Wenn Sie Ihre neue Katze aus dem Tierheim holen, lassen Sie sich vom dortigen Fachpersonal beraten, welche Mieze am besten in Ihren Haushalt passt.

Hilfen fürs Zusammenleben

Bei internen Streitereien, die anfangs und manchmal über Wochen lautstark und handgreiflich stattfinden, mischen Sie sich am besten nicht ein. Umso eher herrscht Frieden, wenn die Fronten geklärt sind. Sorgen Sie aber dafür, dass der Neuankömmling sich bereits orientieren konnte und mögliche Fluchtwege und Ruheplätze gefunden hat, bevor er mit dem Alteinge-

Hund und Katze können Freunde werden – wenn man sie aneinander gewöhnt.

So beschäftigen Sie Ihre Katze

Eine erwachsene Katze kann einen jungen Hund durchaus im Haushalt akzeptieren.

sessenen konfrontiert wird. Und achten Sie darauf, dass die beiden sich in den ersten Wochen aus dem Weg gehen können, wenn sie das wollen. Wichtig ist, dass jedes Tier seinen eigenen Futternapf, seine Toilette, einen Schlafplatz und eine Kratzstelle hat.

Und bitte denken Sie daran, die Tiere kastrieren zu lassen. Egal ob Geschwister oder nicht, unkastrierte Tiere sind unausgeglichen. Wenn die Katze rollig ist, fängt der Kater an, sein Revier zu markieren. Da dies mit einem sehr unangenehmen und hartnäckigen Geruch verbunden ist, sollte man frühzeitig vorbeugen.

Wie Hund und Katz

Allen Redensarten zum Trotz vertragen Hund und Katze sich fast immer ausgezeichnet, wenn sie gemeinsam in einen Haushalt einziehen oder die Katze schon da ist, bevor der (junge) Hund kommt. Schwieriger ist es, zum erwachsenen Hundehausherrn eine ebenfalls erwachsene Katze zu gesellen. Unmöglich ist aber auch das nicht, wenn beide die Möglichkeit haben, sich aus dem Weg zu gehen, und nicht gezwungen werden, sich anzufreunden.

Wichtig ist, dass der Hund Katzen mag und sie seinen Jagdinstinkt nicht reizt. Hunde spielen meist gröber als Katzen. Greifen Sie aber nur dann ein, wenn es allzu wild wird. Schon aus anatomischen Gründen bleiben Hunde beim Spiel am Boden, während die Katze dreidimensional ausgerichtet ist, also in die Höhe strebt. Beim Klettern kann ein Hund der Mieze also nicht das Wasser reichen, aber vielleicht übernimmt er eine Aufpasser- und Beschützerrolle. Gut ist es, wenn sich die beiden vom Temperament her ähneln und der Größenunterschied nicht allzu gewaltig ausfällt.

Doch nur etwas zum Jagen?

Alle kleineren Lebewesen sieht die Katze als potenzielle Beute an – von der Maus bis zum Kaninchen. Katzen, die nicht mit einem kleineren Tier großgeworden sind, reizt jede Bewegung dieser Hausgenossen zur Jagd. Meerschweinchen, Kanarienvogel und Wellensittich sollten deshalb

Katzen freuen sich über Kinder als Spielkameraden, wenn diese sanft mit ihnen umgehen.

katzensicher untergebracht sein, ebenso der Goldfisch, die Ratte und das Streifenhörnchen. Nur das Katzenbaby wird solche Tierzwerge als zum Haushalt gehörend akzeptieren und nicht jagen. Als Spielgefährten für den Stubentiger eignen sie sich nicht.

Aber: Katzen beobachten durchaus gern andere Tiere. Versuchen Sie es mit einer Tier- oder Natursendung im Fernsehen, mit oder ohne Ton. Vielleicht verfolgt Ihr Stubentiger gern die Bewegungen am Bildschirm. Noch spannender wird es mit einem echten Aquarium und lebenden Fischen, natürlich so gesichert, dass die Katze nicht hineinangeln kann. Viele Miezen können der Unterwasserwelt stundenlang zuschauen, vor allem wenn sich die Fische immer mal verstecken und wieder hervorkommen, wie es beispielsweise Welse tun. Mindestens genauso beliebt ist bei Katzen ein Terrarium mit Rennmäusen, auch wenn Beutezüge natürlich ausgeschlossen sind. Je mehr Versteckmöglichkeiten die Rennmäuse haben, desto besser und spannender für beide Parteien!

Die schönsten Spiele

Sorgen Sie dafür, dass Ihre Katze ihre natürlichen Bedürfnisse befriedigen kann. Auch und gerade, wenn sie als Wohnungskatze ausschließlich drinnen lebt. Dazu zählen nicht nur Futter und Hygiene, sondern auch der Spiel- und Jagdtrieb darf nicht vernachlässigt werden. Und das dient nicht nur der Unterhaltung, sondern ist für die Gesundheit und Fitness der Katze ganz wichtig! Für die schönsten Spiele braucht es gar nicht viel, Hauptsache, die Katze kann sich austoben. Am liebsten tut sie das natürlich in Gesellschaft einer zweiten Katze. Ansonsten muss der Mensch zum Spielpartner werden und mit immer neuen Anregungen für Abwechslung sorgen.

Beschäftigung im Freien

Auch wenn sie draußen normalerweise mehr Anregungen haben als drinnen, kann es für Katzen mal langweilig werden. Das muss nicht sein! Im Freien lässt sich mit Ihrer Hilfe viel mehr erleben.

So gut Sie Ihren Stubentiger auch drinnen beschäftigen, so richtig glücklich werden die meisten Katzen erst, wenn sie den Duft der Freiheit mit all ihren schönen und spannenden Begleiterscheinungen schnuppern dürfen. Dafür gibt es bei jeder Wohnsituation zahlreiche Möglichkeiten, die Sie Ihrer Mieze zuliebe nicht ungenutzt lassen sollten.

Ein Freiluftparadies

Rundherum das leise Surren der Insekten verfolgen, die Nachbarn und das Vogelhaus gegenüber immer im Blick, aufregende Gerüche in der Nase … das ist ein Leben ganz nach dem Geschmack der Samtpfoten. Wenn sie dürfen, stromern sie nur zu gern den lieben langen Tag und natürlich auch nachts durch die Gegend. Wären da nur nicht die vielen Gefahren, die einer frei laufenden Katze drohen und ihren Menschen immer wieder besorgt Ausschau nach ihr halten lassen. In großen Siedlungen mit vielen Spielstraßen, in ruhigen Wohngebieten ohne Verkehrsfluss und auf dem Land können Katzen noch ihrer Wege gehen. Sie leben ein Katzenleben in totaler Freiheit und voller An- und Aufregungen. Allerdings leben sie – wissenschaftlich abgesichert – nicht so lange wie ihre Kollegen in Wohnungen oder Häusern mit Gärten. Zu groß ist die Unfallgefahr, das Infektionsrisiko mit einer der tödlichen Seuchen, die Verletzungsgefahr und zu allem Überfluss gibt es manchmal auch noch Nachbarn, die Ihrer Samtpfote mit Gift nach dem Leben trachten. Die Straße sollten Sie für Ihre Katze in jedem Fall zum Tabu machen. Rasende Blechkisten sind von der Natur im Katzenrevier nicht vorgesehen. Katzen können zwar aus dem Rascheln einer Maus im Gras genau den Punkt berechnen, auf den ihr Angriffssprung gehen muss, aber sie sind nicht in der Lage, Entfernung und Geschwindigkeit eines fahrenden Autos richtig einzuschätzen. Es gibt keine größere Gefahr für eine Freilaufkatze als den Straßenverkehr. Und viele Katzenhalter wollen nicht ständig mit der Sorge leben, dass ihrer Mieze etwas zustoßen könnte.

Abenteuer im Freien – die Katze in ihrem Element

Beschäftigung im Freien

Katzen sind glücklich, wenn sie im Garten auf Entdeckungsreise gehen können.

Ein Wohlfühlgarten für die Katze

Viele Katzenbesitzer bevorzugen deshalb die „kleine Freiheit" eines begrenzten Gartens. Die passenden Utensilien zum Einzäunen eines Freigeheges finden Sie im Fachhandel. Auch wenn sich in solch ein Gehege wohl kaum jemals eine Maus verirrt, kann die Katze doch wenigstens Insekten nachjagen und den Wechsel der Jahreszeiten beobachten. Ein Wohlfühlgarten für die Katze sollte auf jeden Fall eine Rückzugsmöglichkeit vor Sonne und Wind bieten, etwa einen Stuhl als Unterschlupf. Wer seiner Mieze etwas Besonderes bieten möchte, zum Beispiel ein eigenes kleines Häuschen oder Zelt, findet im Fachhandel Passendes.

Katzen sind von Natur aus sehr anpassungsfähig. Wenn eine Katze von klein auf lernt, dass sie nur die begrenzte Freiheit ihres eingezäunten Gartenstücks zur Verfügung hat, wird sie sich bestens damit arrangieren. Schwieriger wird die Sache, wenn sie eine ehemalige Freilaufkatze an ein begrenztes Revier oder gar an reine Wohnungshaltung gewöhnen müssen. In jedem Fall hilft es aber bei der Umgewöhnung, wenn Sie der Freigängerkatze einen Rest „Wildnis" bieten können, sei es ein Freigehege im Garten oder einen schön bepflanzten Balkon.

Wasserspiele

Wenn sich in das Freiluftparadies auch noch eine Wasserstelle integrieren lässt, etwa ein Teich, ein Brunnen mit lustig plätscherndem Wasser oder ein etwas größeres Gefäß mit einer Wasserspielpumpe, ist die Katze wirklich wunschlos glücklich. Kleine Teiche, zum Beispiel aus Keramikgefäßen oder Holzbottichen können auch auf sehr kleinem Raum bzw. auf dem Balkon Platz finden. Der Boden kann mit Steinen oder Kies ausgelegt werden und eine kleine Wasserpumpe sorgt für Bewegung auf der Oberfläche. Wenn dann noch Muschelblumen oder Wasserlinsen eingesetzt werden, können zufriedene Samtpfoten stundenlang vor dem künstlichen Miniteich sitzen und das sanfte Schaukeln der Oberfläche beobachten. Viele nutzen das kühle Nass dann auch gern mal als Durstlöscher zwischendurch. Ach-

Einen Balkon in luftiger Höhe sollte man durch ein Netz oder Gitter absichern.

tung aber, wenn es sich um ein Behältnis mit glattem Rand handelt – die Katze könnte ausrutschen, hineinfallen und ertrinken. Bleiben Sie also in der Nähe, wenn die Mieze sich frisch macht, oder decken Sie den Katzen-Pool ab.

Sicherheit und Spaß auf dem Balkon

Frische Luft, schöne Aussicht, Naturgeräusche, Pflanzenduft, in der Sonne dösen, Vögeln nachschauen – all das genießen Katzen auch gern auf dem Balkon. Aber Vorsicht – nur mit den richtigen Vorkehrungen wird der Balkon zu einem sicheren Katzenparadies.

Den Balkon sichern

Er muss so begrenzt und gesichert sein, dass die Katze weder nach unten stürzen noch auf Nachbarbalkons entweichen kann. Am einfachsten gestalten Sie die sichere Brüstung durch ein Netz oder Gitter. Stabile Katzennetze gibt es im Fachhandel. Sie müssen so angebracht sein, dass es keine Schlupflöcher mehr gibt und sie rundum abschließen. Ein Fachmann kann bei der Anbringung behilflich sein. Doch oft haben Vermieter oder Hausverwaltung dem katzensicheren Balkon die verbotene Fassadenveränderung entgegengesetzt. Dann ist es nicht erlaubt, das Netz fest zu montieren. Erkundigen Sie sich also im Vorfeld nach den nötigen Genehmigungen. Oder Sie tricksen einfach ein bisschen: Pflanzen Sie Klettergewächse wie Kapuzinerkresse, Wicken etc. und stellen Sie für diese Rankhilfen auf – so engmaschig, dass der gelenkige Katzenkörper keine Chance hat, durchzuschlüpfen. Im Fachhandel können Sie sich beraten lassen.

Kletterpflanzen haben auch den Vorteil, dass sie der Mieze als Tarnung dienen. Denn im eigenen Revier lautet die Devise „Sehen, aber nicht gesehen werden". Deshalb sind auch größere bepflanzte Blumentöpfe bei Katzen sehr beliebt. Denn sie können gleichzeitig als Schlafplatz und Versteck genutzt werden und beim Relaxen kann die Mieze noch ein wenig knabbern.

Beschäftigung im Freien

Unterhaltung im grünen Paradies

Selbst wenn die Frischluft an sich schon spannend ist: Unterhaltung muss sein, auch draußen. Es lohnt sich, einen wetterfesten Kratzbaum anzuschaffen oder selbst zu bauen. Und was wäre ein Katzenbalkon ohne mindestens eine Aussichtsplattform. Das kann ein innen angebrachter, gar nicht oder nur halb bepflanzter Blumenkasten sein oder ein ebenfalls innen angebrachter Blumenkastenuntersetzer, der mit rutschfestem Material ausgekleidet ist. Wenn der Untersetzer der Witterung ausgesetzt ist, sollte er auf jeden Fall mit Löchern versehen sein, damit das Wasser ablaufen kann. Von so einem Aussichtspunkt aus kann der Stubentiger gut getarnt zwischen dem herrlichen Grün seinen Blick auf das umliegende Geschehen schweifen lassen.

Katzen brauchen Wanderwege durch ihr Revier, damit sie auf Patrouille gehen können. Dafür kann die Balkonbrüstung mit unterhalb des Geländers angebrachten Brettern oder schmalen Holzstämmen begehbar gemacht werden. Wenn die Stämme mit Sisalseilen oder Sackleinen umwickelt werden, eignen sie sich auch gut zum Krallenschärfen. Eine Katzentreppe oder -leiter, die auf die mit Baumstämmen erweiterte Brüstung führt, wird begeistert angenommen. Innen angebrachte Blumenkästen stellen aus Katzensicht einen spannenden Wanderweg dar. Im Fachhandel gibt es ein breites Angebot an pfiffigen, wetterfesten Einrichtungselementen zum Klettern und Balancieren. Wer Balkonien mehr nach seiner Fasson gestalten möchte, kann sich auch in einem Laden für Bootszubehör umsehen. Da gibt es zum Bei-

Beim Trinken im Weiher kann man gleich einen Blick auf die Fische werfen …

Was mag da wohl das Interesse der kleinen Samtpfote geweckt haben?

spiel wunderbar geeignete Taue und Strickleitern, die der Katze genügend Möglichkeiten bieten, ihre natürlichen Verhaltensweisen auszuleben. Dicke Schiffstaue können quer oder senkrecht befestigt werden und eignen sich somit zum Balancieren und Klettern.

Ein Plätzchen zum Dösen und Sonnen

Für die Stunden nach dem ausgelassenen Spiel oder dem Rundgang durch das Revier mit anschließender Beobachtungseinheit dürfen schöne Plätzchen zum Entspannen und Schlafen keinesfalls fehlen. Da jede Katze ihre eigene Persönlichkeit besitzt, sind auch ihre bevorzugten Ruheoasen unterschiedlich. Aber wer seine Katze gut kennt, weiß, was er ihr anbieten kann und welche Art von Schlummerstellen sie gern hat. Möglichkeiten gibt es viele und der Fantasie sind keine Grenzen gesetzt – Hauptsache, das Plätzchen ist warm und vor schlechten Witterungsbedingungen oder zu starker Sonneneinstrahlung geschützt. Eine erhöhte Schlafstelle, etwa eine zwischen zwei Kletterstämmen befestigte Hängematte, findet sicherlich das Wohlwollen des Stubentigers. Oder vielleicht wird es doch ein geflochtener und von Pflanzen umrankter Weidenkorb, der natürlich auch noch hübsch anzusehen ist. Wenn Sie Ihrer Mieze ein bequemes Katzensofa gönnen wollen, steht der puren Entspannung an der frischen Luft nichts mehr im Weg. Es gibt viele Variationen für die Gestaltung der grünen Oase. Solange die Mieze Gelegenheit zum Spielen, Klettern, Verstecken, Beobachten, Sonnen und Entspannen hat, ist die Katzenwelt in bester Ordnung.

Was pflanzen?

Am spannendsten für die Samtpfote (und auch am schönsten für den Menschen) ist es, wenn die grüne Oase nicht nur spärlich bepflanzt ist, sondern richtig was zum Schnuppern bietet und

Beschäftigung im Freien

Von einem erhöhten Platz aus kann man wunderbar die Umgebung im Blick haben.

auch das eine oder andere Versteck parat hält. Allerdings sind längst nicht alle Pflanzen für Katzen geeignet. Lassen Sie sich im Zweifelsfall in einer Gärtnerei beraten.

Vermeiden Sie giftige Pflanzen!

Weil der Geschmackssinn die Katze oft trügt, wird sie leicht Opfer giftiger Stoffe. Dazu gehören leider auch viele bekannte und beliebte Pflanzensorten. Natürlich ist es ein Unterschied, ob die Katze nur mal kurz knabbert oder eine größere Menge frisst. Aber wer sichergehen will, dass die Sommerfrische für die Mieze nicht mit Bauchgrimmen endet, pflanzt lieber Gewächse, die für sonnige und windgeschützte Katzenbalkone ideal geeignet sind, zum Beispiel Sonnenblumen. Denn unter den großen Blüten kann man es sich so schön gemütlich machen. Aber auch kleinere Topfpflanzen wie Fleißiges Lieschen, Vergissmeinnicht oder Margeriten, Fuchsien, Petunien oder Kapuzinerkresse machen sich gut auf dem Katzenbalkon. Bambuspflanzen haben den Vorteil, dass sie ganzjährig draußen bleiben können. Weiterhin sind Erdbeeren, Himbeeren, Johannisbeeren und Brombeeren für die Bepflanzung von Miezes Frischluftrevier gut geeignet. Kletterpflanzen wie zum Beispiel die Duftwicke wuchern prächtig, wenn sie eine Kletterhilfe bekommen. Das kann auch ein Katzenschutznetz sein. So schaffen Sie gleichzeitig einen natürlichen Sichtschutz. Wenn Sie zusätzlich ein paar ausgewählte Kräuter auf dem Balkon platzieren, hat die Mieze auch gleich etwas Leckeres zum Schnuppern: Katzenminze, Lavendel oder auch Küchenkräuter wie Salbei, Thymian, Oregano und Rosmarin erfreuen die Katzennase.

Katzengras

Außerdem freut sich die Mieze über Katzengras, das es im Zoofachhandel zu kaufen gibt. Das ballaststoffreiche Grünzeug hilft der Katze, ihre Verdauung und die Ausscheidung von Haarballen zu regulieren. Die Haare, die sich durch das gründliche Putzen im Magen ansammeln, muss die Katze verständlicherweise irgendwann wieder loswerden. Dabei hilft ihr der Verzehr von Katzengras, denn die faserreichen Grashalme binden im Magen die beim Putzen verschluckten Haare, die sich zusammenklumpen. Entweder durch Herauswürgen oder auf dem Weg der natürlichen Verdauung kann sich die Katze so von ihren Haarballen befreien. Statt des Grases können Sie auch Grünlilie oder Gerstenhalme in Töpfen anbieten oder eine Schale ganz gewöhnliche Rasenmischung ansäen und bis auf 5 cm Höhe wachsen lassen. Natürlich dürfen Sie dabei keine Düngemittel verwenden. So hat die Mieze ihre eigene kleine Privatwiese. Bei genügend Platz eignet sich ein Kinder-Sandkasten aus Holz oder eine andere größere Schale bestens zum Ansäen einer Katzenwiese, die groß genug zum Wälzen in der Sonne ist.

Info

Achtung, giftig!

Vermeiden Sie alle Pflanzen, die der Katze gefährlich werden können. Dazu gehören auch so vermeintlich harmlose Gewächse wie Alpenveilchen, Farn, Geranien oder Schneeglöckchen. Lassen Sie sich am besten im Gartencenter beraten, bevor Sie Pflanzen für Ihren Katzenhaushalt anschaffen.

Die Katzenklappe

Wer seiner Katze freien Zugang zu Garten oder Balkon gewähren, aber nicht zu allen möglichen und unmöglichen Zeiten aufstehen will, um sie hinaus- oder wieder hineinzulassen, muss ihr ungehinderten Ein- und Ausgang verschaffen. Die einfachste und bequemste Lösung ist eine Katzentür oder Katzenklappe. Es ist Schluss mit Bettelmiauen und Protestschreien, weil die

Was immer im Gras verborgen sein mag – Mieze wird es gleich herausfinden.

Katze raus oder rein will und ihr Mensch nicht schnell genug als Türöffner zur Stelle ist. Und man muss auch nicht mehr auf die Idee kommen, wegen der Katze Fenster oder Balkontüren offen stehen zu lassen.

Machen Sie es mit einer Katzenklappe möglich, dass die Katze jederzeit in ihre begrenzte Freiheit hinausgehen und z.B. im Sommer auch halbe Nächte dort sitzen kann.

Es gibt spezielle Katzenklappen, die nur die „richtige" Mieze durchlassen, indem sie den Mikrochip am Halsband prüfen.

Bei Mietwohnungen müssen Sie vor dem Einbau einer Katzenklappe die Erlaubnis des Eigentümers einholen.

Mit der Katze in den Urlaub

Katze haben ihr Revier – und die meisten Exemplare verlassen dieses nur äußerst ungern. Aber vielleicht haben Sie ja Glück und Ihre Katze gehört zu den neugierigen Zeitgenossen, die sich über einen Tapetenwechsel freuen.

Nicht für jede Katze ein Vergnügen

Viele Katzen haben sogar einen siebten Sinn und verschwinden scheinbar spurlos, sobald ihr Mensch auch nur daran denkt, sie in einen Transportkorb zu verfrachten. In den meisten Fällen ist es deshalb besser, den Urlaub ohne Katze zu planen und für die Zeit der Abwesenheit eine nette Betreuung, einen Catsitter oder eine Katzenpension zu organisieren. Vor allem Freilaufkatzen bleiben meist lieber in ihrem angestammten Umfeld.

Es gibt allerdings auch einige sehr neugierige und abenteuerlustige Katzen, die ihren Spaß daran haben, im Campingwagen oder mit dem Auto einen Ausflug zu machen. Sie haben dann sozusagen zwei Territorien: das eigentliche Zuhause und ihren „Zweitwohnsitz" – nämlich eine Ferienwohnung, die ihnen fast ebenso vertraut ist die die gewohnte Umgebung, oder einen Campingplatz, an dem sie die Natur genießen können. Auch tierfreundliche Hotels bieten sich an.

Vorbereitungen und Reisetraining

Natürlich braucht die Katze auch am Urlaubsort ihr gewohntes Futter, den Trinknapf, einen Schlafplatz, Kratzbaum, ihre Toilette und Spielzeug. Hilfreich ist es, wenn Sie die Lieblings-Ku-

> **Info**
>
> ### Das Wichtigste auf einen Blick
>
> Das freie Herumstromern in der Natur ist für Katzen die größte Freude, aber auch die größte Gefahr. In vielen Wohngegenden ist Freilauf gar nicht möglich. Aber auch einer Wohnungskatze kann man mit einfachen Mitteln ermöglichen, bisweilen frische Luft zu schnuppern. Ein ausreichend gesicherter Balkon kann Katzen all das bieten, was ihnen wirklich wichtig ist: ein gemütliches Plätzchen zum Dösen, eine Aussichtsplattform zum Beobachten der Natur, Versteckmöglichkeiten und das Gefühl der (kleinen) Freiheit. Bei katzengerechter Bepflanzung gibt es immer wieder etwas Neues zu entdecken und wenn auf dem Balkon auch noch Kletter- oder Balanciergelegenheiten zur Verfügung stehen, wird die Katze das grüne Zimmer nur zu gern annehmen!

Es soll Katzen geben, die Spaziergänge an der Leine akzeptieren und auch genießen.

Beschäftigung im Freien

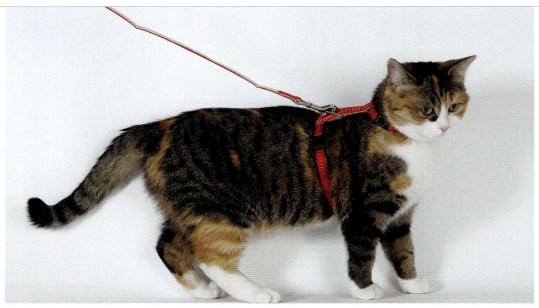

Ein passendes Geschirr ist Pflicht, wenn die Katze an der Leine gehen soll.

scheldecke Ihrer Mieze dabeihaben, auch schon zur Beruhigung unterwegs. Denn auch für die nervenstärkste Katze bedeutet die Reise Aufregung und Stress.

Wenn Sie vermuten, dass Ihre Samtpfote zu den wenigen reiselustigen Vertretern gehören könnte, probieren Sie es doch einmal mit einem überschaubaren Aufenthalt in nicht zu großer Entfernung. Und da die Leine sowohl während der Reise als auch auf dem Campingplatz als Sicherung nicht fehlen darf, sollten Sie das Spazierengehen mit Katze als Vorübung schon gut trainiert haben, bevor Sie sich an das Abenteuer Urlaub heranwagen.

Sie können Ihre Katze ein regelrechtes Reisetraining absolvieren lassen. Auf eine längere Auto- oder Bahnfahrt können Sie die Samtpfote vorbereiten, indem Sie sie vorab gut an den Transportkorb gewöhnen. Machen Sie den Korb dazu zum Teil Ihrer Wohnung und stellen Sie ihn an einen Platz, den die Katze mag. Als Kuschelhöhle eingerichtet, verliert der Korb seinen Schrecken, vor allem dann, wenn Sie im Inneren Leckerchen, ein Säckchen mit Katzenminze oder eine andere angenehme Überraschung für Ihre Katze deponieren. Haben Sie vor, mit der Bahn zu fahren, sind zum Beispiel Mini-Ausflüge mit öffentlichen Verkehrsmitteln angesagt. Damit sammeln Sie Erfahrungen und sehen am Verhalten Ihrer Katze, ob Sie ihr die geplante Reise guten Gewissens zumuten können.

Mit der Katze fliegen

Wenn Sie fliegen, buchen Sie rechtzeitig, weil Fluggesellschaften pro Maschine nur eine begrenzte Zahl von Tieren mitnehmen. Das gilt unabhängig davon, ob Ihre Katze in der Kabine oder im Gepäckraum reist. Klären Sie die genauen Mitnahmebestimmungen frühzeitig mit der Airline ab. Achten Sie auch darauf, ob der Heimtierpass Ihrer Mieze vollständig ist und alle Impfungen eingetragen wurden.

Zwischenlandungen sollten Sie vermeiden, denn erstens erhöht das den Stress für das Tier und die Dauer der Reisezeit, zum anderen könnte es passieren, dass Ihr Liebling falsch eingeladen wird und nicht am gleichen Ziel landet wie Sie.

Für den Flug im Gepäckraum benötigt die Katze einen stabilen, flugtauglichen Transportkennel, in dem sie bequem stehen, liegen und sich drehen kann. Legen Sie diesen dick mit saugfähigem Material aus und geben Sie der Katze eine warme Decke mit, denn im Gepäckraum kann es unangenehm kühl werden.

Unterwegs gut versorgt

Wenn es losgeht, können Sie Ihrer Katze die Reise mit einigen Tricks so angenehm wie möglich gestalten. Stellen Sie etwa den Transportkorb im Auto so, dass er stabil steht und sich während der Fahrt nicht bewegt. Sie sollten ihn so stellen, dass die Katze nicht zu den Fenstern hinaussehen kann (auf den Boden hinter die Vordersitze). Oder Sie decken den Korb mit einer Decke ab. Das beruhigt ängstliche Tiere. Im Sommer müssen Sie allerdings aufpassen, dass es der Mieze dann im Korb nicht zu warm wird. Füttern Sie die Katze niemals direkt vor Reisebeginn, sondern schon einige Stunden vor der Abfahrt. Bei längeren Fahrten braucht die Katze zwischendurch vielleicht etwas Wasser zum Trinken. Legen Sie den Korb auf jeden Fall mit saugfähigen Unterlagen aus. Viele Katzen entspannen sich nach erstem Protest und sehen Autofahren von da an als Teil ihres Lebens an. Es gibt aber keine Garantie dafür, dass Ihre Katze auch so denkt. Nehmen Sie sie auf keinen Fall während der Reise aus dem Korb heraus. Wenn Sie angekommen sind, hat sich die Mieze natürlich ein paar Leckerli extra verdient.

Konnte die Katze in ihrem „Urlaub" Natur pur genießen, Schmetterlinge haschen, Gartenteiche studieren und auf Mäusejagd gehen, kann es sein, dass sie nach der Rückkehr zu ihrem Dasein als Wohnungskatze zunächst etwas einsilbig wird. Aber das gibt sich schnell wieder.

Für die Fahrt zum Tierarzt oder in den Urlaub sollte die Katze an die Transportbox gewohnt sein.

Erziehung mit Freude

Auch wenn es manch einer vielleicht nicht sofort glauben mag – nicht nur Hunde können Kunststückchen lernen. Mit Geduld und unterhaltsamem Training können Sie auch Ihrer Katze so einiges beibringen!

Und Sie trainieren dabei ihre Sinne und können ihr spielerisch auch so manche Unart abgewöhnen. Denn Katzen machen nie etwas falsch, jedenfalls nicht in ihren Augen. Sie machen aber alles gern, wofür sie belohnt werden.

Spielen mit Katzenkindern

Katzenbabys sind so niedlich, dass man sie eigentlich am liebsten die ganze Zeit knuddeln würde. Aber die Katzenkinder müssen auch ihre Fähigkeiten und die Welt um sich herum entdecken, und das tun sie wie Menschenkinder: im Spiel. Jedes neue Spiel ist auch ein neues Abenteuer. Deshalb sind Ideen gefragt!

Warum Katzenkinder spielen

Schon mit etwa drei Wochen fangen Katzenkinder zu spielen an. Zunächst vor allem mit Mama und den Geschwistern. Dabei trainieren sie die

Mit Geduld und Training erlernen Katzen Kunststücke.

Körpermuskeln, indem sie von sich aus die verschiedensten Gangarten einlegen: Sie hüpfen, kriechen, schleichen, springen, rennen und klettern. Aus jedem Fehlversuch ziehen sie eine Lehre, jeder geglückte kommt aufs Erfolgskonto. Ab etwa sieben Wochen rücken dann auch alle möglichen Objekte ins Blickfeld ihres Interesses. Hauptsache, es bewegt sich. Ist gerade nichts Brauchbares in der Nähe, haschen sie im „Leerlauf" nach imaginärer Beute und trainieren damit gleichzeitig ihre Fähigkeiten als künftige Jäger. Auch die Körpersprache muss geübt werden, genau wie die entsprechende Reaktion auf Droh- und Versöhnungsgesten.

Energiesparen gilt nicht

Hauptsparringspartner aber bleiben die Geschwister, mit denen das Katzenbaby verschiedene Rollen seines Katzenlebens durchspielt: das Mutter-Kind-Verhalten, Schmeicheleien und Verfolgungsjagden. Lange haben Wissenschaftler untersucht, warum Jungkätzchen im Spiel solche Energieverschwender sind: Statt den Feind steifbeinig zu umrunden, unterlegen sie ihre Atta-

Erziehung mit Freude

Lob statt Strafe

Mit Lob und Belohnung für Wohlverhalten können Sie bei Ihrer Samtpfote fast alles erreichen. Für einen besonderen Leckerbissen lohnt es sich schließlich, brav zu sein. Mit Strafen sollte man dagegen bei Katzen sehr vorsichtig sein. Wenn die Konsequenz für Fehlverhalten zu lange auf sich warten lässt, versteht die Katze den Zusammenhang nicht. Und durch aggressives Verhalten oder lautes Schimpfen ihres Menschen werden viele Katzen dauerhaft verschreckt. Am besten ist es daher, wenn Sie alles, was für die Katze tabu ist, für die Mieze unerreichbar forträumen. Grundsätzlich ist es wichtig, konsequent zu bleiben. Was heute verboten ist, darf morgen nicht erlaubt sein. Und im Fall der Fälle erreichen Sie mit dem Überraschungseffekt bei der Mieze am meisten – zum Beispiel mit einem gezielten Schuss aus einer Wasserspritze, wenn Sie sie in flagranti ertappen. So bricht die Katze ihr Treiben garantiert sofort ab.

cken mit Fauchen, Bürstenschwanz und platt ans Köpfchen gedrückten Ohren. Inzwischen scheint festzustehen: Die Kätzchen übertreiben, damit der Rest der Katzenwelt weiß, dass es sich um ein Spiel und nicht um den Ernstfall handelt. Sonst nämlich, glauben Forscher, würde die Mutter instinktiv bei einem Warnschrei ihres Kleinen auf der Matte stehen, um es wie eine Löwin zu verteidigen. So aber bringt kein noch so erbärmlicher Hilferuf ihrer spielenden Sprößlinge sie aus der Ruhe. Gut zu wissen auch für den menschlichen Spielpartner. Es kann gar nicht wild genug zugehen, solange das Kätzchen sich nicht in ernsthafte Gefahr begibt.

Immer zum Spielen aufgelegt

Besonders aktiv gespielt wird in der achten bis sechzehnten Lebenswoche, also genau zu der Zeit, in der sie beim neuen Besitzer Einzug halten. Kleine Katzen sind fast immer in Spiellaune. Die Katzenbabys sind ungestüm, ungeschickt und kennen keine Grenzen. Herunterhängenden Stoff sehen sie als Klettereinladung an. Da sie so leicht sind, klettern sie auch in Gardinen, reißen Tischdecken (samt allem darauf) vom Tisch, stoßen Vasen um oder Blumentöpfe vom Fensterbrett. Aber keine Sorge, mit zunehmendem Alter lassen Wildheit und Neugierde der Katze ganz von selbst nach. Nehmen Sie sich jetzt nicht nur Zeit zum Schmusen, sondern auch zum Spielen. Das wird die Bindung zu Ihnen schnell wachsen lassen. Und die Katze lernt auf vergnügliche Art und Weise, was sie darf und was nicht. Fängt sie etwa an, an Ihren Möbeln zu kratzen, nehmen Sie die Mieze sanft hoch und tragen Sie sie zu ihrem Kratzbaum. Wenn der Minitiger brav anfängt, dort seine Krallen zu wetzen, belohnen Sie ihn (sofort!) mit Leckerli, Streicheleinheiten oder Spielzeug. Besonders attraktiv wird der Kratzbaum,

Ein Leckerchen motiviert ungemein.

Selbst ganz junge Katzenkinder sind immer für ein Spielchen zu begeistern.

wenn sie ihn mit Katzenminze besprühen oder ein interessantes Spielzeug daran anbringen – so lernt die Mieze spielerisch, an welcher Stelle der Wohnung die Krallenpflege erwünscht ist. Überfordern Sie Ihr Katzenbaby aber nicht und achten Sie darauf, dass die Kräfte der kleinen Mieze für das Spiel schon ausreichen. Da sich Katzenkinder sehr schnell ablenken lassen, passen Sie einen günstigen Moment ab und achten Sie darauf, dass Sie mit Ihrem Spielangebot nicht direkt neben einem laufenden Fernseher stehen.

Spielzeug

Bei der Wahl des Spielzeugs gilt: je einfacher, desto besser. Ein leerer Karton, in den Sie eine Tür schneiden, wird in Nullkommanix zum Abenteuerspielplatz. Vor allem, wenn Sie darin einen Tischtennisball oder eine leere Garnrolle (Papier vorher entfernen) verstecken. Toll ist zum Beispiel auch eine leere Klopapierrolle, eine Zeitung, unter der man sich verstecken kann, oder eine Papiertüte, die zum Hineinkriechen einlädt. Schneiden Sie aber von großen Tüten vorher die Henkel ab, damit sich die Katze nicht mit dem Kopf verfangen und hängenbleiben kann. Und probieren Sie doch mal aus, wie Ihre Mieze auf eine aufziehbare Maus oder einen hüpfenden Plastikfrosch reagiert.

Den meisten erwachsenen Katzen

macht es nichts aus, tagsüber allein zu bleiben, wenn ausreichend Spielzeug und ein Kratzbaum in der Nähe sind. Katzenkinder dagegen sollten nie länger als drei Stunden allein gelassen werden und Kitten bis zu zehn Wochen dürfen überhaupt nicht unbeobachtet bleiben. Sie haben noch kein Angstgefühl und erkunden ohne Scheu auch Winkel, die ihnen gefährlich werden können.

Erziehung mit Freude

Mit Krallen und Zähnen wird die „Beute" in Besitz genommen und inspiziert.

Wenn Sie so ein Spielzeug aufziehen und in eine große Papiertüte werfen, kann das Abenteuer richtig losgehen.

Beutespiele

Ganz besonders geeignet sind Beutespiele, da sie die Motorik und die Sinne anregen. Doppelt viel Spaß macht es, wenn Sie das Bällchen, ein paar Federn oder die Spielmaus an einer Schnur oder einem Stab befestigen und hin und her bewegen. Federwedel oder Katzenangeln stehen bei fast allen Samtpfoten hoch im Kurs. Noch interessanter werden sie, wenn sie auch noch Geräusche machen, zum Beispiel piepsen wie ein Vogel, oder mit duftendem Inhalt gefüllt sind. Damit erwacht bei jeder Katze der Spieltrieb. Neckendes Wedeln in der Nähe oder minimale Bewegung auf Distanz lassen den Stubentiger in Angriffsposition gehen. Katzenangeln bergen allerdings auch die Gefahr des Erwürgens, lassen Sie den Stubentiger also niemals allein, sondern nur unter Aufsicht damit spielen.

Spezielle Spielhandschuhe aus plüschigem Stoff und mit lustigen Bommeln, an denen die Katze ziehen kann, erlauben Fingerspiele ohne Kratzspuren. Wichtig ist, dass Sie Ihre Mieze zwischendurch auch immer mal gewinnen lassen. Denn auch Katzen wollen nicht dauernd als Loser dastehen und verlieren sonst die Lust am Spielen.

Nie mit vollem Magen!

Besonders bei kleinen Katzen gilt: Spielen Sie nie, wenn der Magen gerade voll ist. Denn dann kommt meist alles in hohem Bogen wieder heraus. Im Gegensatz zu Hundewelpen, die sich überfordern, müssen Sie Katzen ansonsten nicht bremsen. Wenn es genug ist, hören sie auf und schlafen eine Runde.

Die meisten Katzen lieben Gummi- und vor allem Fellmäuse. Haben die Augen und Nase aus Plastikstiften, müssen Sie diese unbedingt entfernen, sonst kann es leicht zu bösen Verletzungen kommen. Mit einem Kratzbaum, an dem Spielzeug aufgehängt ist, können Sie gleich zwei Bedürfnisse auf einmal erfüllen. Da die Minis aber noch nicht so sicher im Klettern sind, sollte der Kratzbaum nicht allzu hoch sein.

Fast alle Katzen lieben auch das Spiel mit knisternden Bällen. Manche Stubentiger apportieren die Bälle sogar, und oft kommt es vor, dass das Spielzeug „verschwindet". Es wird ins Versteck getragen und dort sorgsam wie ein Schatz gehütet. Zu einem fordernden Körpertraining wird das Ballspiel für Ihren Stubentiger, wenn Sie Gummibälle wie beim Squash an die Wand werfen und die Mieze fangen lassen.

Gefahren vermeiden!

Achten Sie bei der Auswahl von Spielzeug auch auf mögliche Gefahren. Nicht geeignet sind scharfkantige oder zu kleine Gegenstände, die zerkaut oder verschluckt werden oder giftig sein können. Vorsicht ist beim Spielen mit Wollknäueln, Bändern, Perlenketten etc. geboten, wo sich das Katzenkind verheddern oder Teile verschlucken kann. Gefährlich sind auch Plastiktüten: Die Katze könnte darin ersticken.

Vorsicht auch bei Katzenverstecken: Besonders gern spielen Katzen nämlich Verstecken. Höhlen ziehen sie magisch an. Aus Neugier, zum Spielen und vor allem, weil sie oft ganz plötzlich müde werden und einen Schlafplatz suchen, krabbeln Katzenkinder in die Trommel der Waschmaschine, die offene Spülmaschine, Taschen, Koffer oder herumliegende Gummistie-

Katzen können durchaus auch einmal „handgreiflich" werden, wenn sie etwas stört.

Erziehung mit Freude

fel. Prüfen Sie deshalb immer, wo sich Ihre Katze befindet, bevor Sie Gegenstände in Betrieb nehmen oder zuschließen. Stopfen Sie auch kleinste Lücken hinter und unter Schränken, Kühlschrank, Herd, Waschmaschine etc. Ihrer Katze zuliebe von vornherein mit Handtüchern oder Zeitungspapier aus, sie könnte sonst hineinkriechen und steckenbleiben.

Die Neugierde in Grenzen halten

Auch sonst sollten Sie Ihr Katzenkind vor allem Gefährlichen schützen, das ihm interessant erscheinen könnte. Katzenbabys knabbern giftige Zimmerpflanzen ebenso an wie Computerkabel, Büroklammern oder herumliegende Medikamente, schlecken an Flaschen von Putzmitteln, probieren Duftöl ebenso selbstverständlich wie Wurstbrote, interessieren sich für brennende Kerzen und kippen alle möglichen Behältnisse um.

Dagegen hilft nur konzentriert Ordnung halten, und alles aus dem Weg räumen, was gefährlich sein könnte. Lassen Sie Katzenkinder NIE mit solchen Gefahrenquellen allein im Zimmer. Und natürlich müssen Sie Fenster und Balkon absichern, denn das Unbekannte draußen ist eine unwiderstehliche Verlockung für kleine Entdecker. Ein gekipptes Fenster ist für sie nur eine Kletter-Herausforderung, das Fensterbrett am weit offenen Fenster nur ein spannender Aussichtspunkt. Dass sie sich in tödliche Gefahr begeben, sehen sie nicht.

Spielende Gesundheitsvorsorge

Gewöhnen Sie auch eine kurzhaarige Hauskatze möglichst früh daran, gebürstet zu werden. Eine regelmäßige Fellpflege trägt dazu bei, die Katze fit zu halten. Wählen Sie eine weiche Babybürste, damit der Kontakt ein angenehmes Massagestrei-

Zu zweit hat man einfach mehr Spaß.

Spielkameraden von Kindesbeinen an.

Das Spiel „Mäuschen fangen" ist für Katzen jeglichen Alters interessant.

cheln ist und nicht ziept. So genießt die Mieze die extra Zuwendung und baut Vertrauen zu Ihnen auf. Das Bürsten können Sie gleich zu einer Gesundheitskontrolle nutzen und beispielsweise eine Freilaufkatze auf Zecken untersuchen. Da kleine Katzen sehr, sehr schnell müde werden, ist nach der Spieleinheit bestimmt ein Schläfchen fällig. So kommen Sie (beide) doch noch zu gemütlichen Kuschelmomenten!

Mit älteren Katzen spielen

Die durchschnittliche Lebenserwartung einer Hauskatze beträgt heute rund 16 Jahre, manche Exemplare erreichen gar ein stolzes Alter von 20 Jahren. Biologisch alt ist eine Katze aber bereits ab ihrem siebten Lebensjahr. Dann fällt ihre Aktivitätskurve ab, allerdings so allmählich, dass es dem Menschen, mit dem sie zusammenlebt, kaum auffällt. Ihre Lebensfreude muss die Katze deshalb aber nicht verlieren, wenn Sie sie etwas dabei unterstützen.

Die Streifzüge fallen ein bisschen kürzer aus, die Schlafphasen dauern länger. Oldies schlafen bis zu zwanzig Stunden täglich und verbringen auch den Rest des Tages geruhsamer. Die körperliche Wendigkeit lässt nach, die Sinne werden schwächer. Beim Sprung auf die Fensterbank nimmt Mieze mehrfach Anlauf oder verlegt ihren Lieblingsplatz woanders hin. Das ist aber meist auch schon alles, was verrät, dass die Katze in die Jahre gekommen ist. Nur wer sie sehr gut kennt und genau beobachtet, sieht weitere winzige Anzeichen und bemerkt einige Verhaltensänderungen. Denn Katzen zeigen kleine Alterswehwehchen nicht, und für nicht wirklich mit ihnen vertraute Menschen ist es schwer einzuschätzen, ob sie acht, zehn oder 15 Jahre alt sind.

Die junge Katze schätzt ihre Schmusezeiten, doch sehr viel spannender sind Spiele für sie, der Blick aus dem Fenster, die Herausforderung

Erziehung mit Freude

durch andere Katzen. Die reife Katze sucht immer stärker die Nähe zu ihren Menschen, sie genießt jedes Streicheln, jede Ansprache, schläft am liebsten mit engem Körperkontakt. Nicht nur, weil sie damit ihre Liebe zum Menschen demonstrieren will, sondern auch, weil es dort kuschelig warm ist. Ab etwa dem zehnten Lebensjahr können Katzen die körpereigene Temperatur nicht mehr so gut ausgleichen: Sie frieren sehr schnell und bevorzugen deshalb warme Plätze. Die finden sie im Bett oder in einer Plüschhöhle nahe der Heizung. Im Sommer auch auf der Fensterbank, wenn die Sonne direkt darauf scheint. Oder draußen auf einer Steinplatte, purer Erde oder einem Mauervorsprung. Sorgen Sie dafür, dass sich Ihre Mieze an einen kuscheligen Ort zurückziehen kann. Solange solche Lieblingsplätze, die den ganzen Körper wohlig erwärmen, nicht sehr hoch sind, kann auch die reife Katze sie noch gut erreichen. Wenn nicht, schenken sie Ihrer Seniorin ein paar Stufen, über die sie mühelos auf die Fensterbank gelangt. Ist die Katzenklappe nur über einen Sprung zu erreichen, stellen Sie einen Hocker oder eine Kiste davor oder bauen Sie ihr eine kleine Leiter, damit sie ohne größere Anstrengungen ein- und ausgehen kann. Denn das Springen wird jetzt etwas unsicherer und – bei verschlissenen Gelenken – auch anstrengender und nicht selten schmerzhaft.

Das Spiel mit „ihrem" Menschen ist für Stubentiger einfach das Größte.

Damit die Gelenke möglichst lange beweglich, der Kreislauf in Schwung und die Muskeln geschmeidig bleiben, sind regelmäßige Spielstunden ideal. Mit solchem Körpertraining kann sich der Stubentiger seine Fitness lange erhalten. Und davon profitiert auch der Mensch.

Mit Spielen das Selbstbewusstsein stärken!

Einen ersten Altersschock, der sich auch auf die Psyche auswirkt, erleidet die Katze, wenn einer ihrer Eckzähne ausfällt. Die Eckzähne dienen nämlich beim Gähnen und Fauchen dazu, Schwächeren zu imponieren. Mit jedem Zahn verliert die Katze also auch an Selbstbewusstsein.

Geben Sie Ihr doch die Möglichkeit, beim Spielen ein Stück Selbstsicherheit zurückzugewinnen. Gerade einer älteren Katze tut es gut, wenn Sie ihr immer wieder Erfolgserlebnisse vermitteln und sie mit ihren Lieblings-Leckerli belohnen. Wenn sich bei der älteren Katze bereits „Rettungsringe" zeigen, sollten Sie vielleicht auf Streicheleinheiten als Belohnung umsteigen, statt zu viele Leckerbissen zu verfüttern. Denn eine reife Katze, die es im Alltag ruhiger angehen lässt, benötigt auch weniger Kalorien, und genauso wie bei uns ist Übergewicht bei Katzen ein echter Temperamentskiller.

Manche Spiele sind allerdings sehr anstrengend und überfordern eine ältere Katze möglicher-

Ängstlich oder frech? Charakterunterschiede steigen sich schon bei den Katzenkindern.

Unbeaufsichtigt sollte eine Katze nicht mit Wollknäueln spielen – sie kann sich verheddern.

weise. Dazu gehört beispielsweise wildes Jagen nach Katzenangel und Federwedel oder das Rennen nach springenden Gummibällen. Konzentrieren Sie sich auf Spiele, die wenig Kraftaufwand erfordern, die stattdessen die Sinne wachhalten und die geistige Beweglichkeit trainieren. Bei Intelligenzspielen schneidet die ältere Katze vielleicht sogar besser ab als ein quirliges, leicht ablenkbares Katzenbaby. Und manche Intelligenzspielzeuge, etwa das Solitär für Katzen, lassen sich so gut reinigen, dass man sie auch mit Nassfutter befüllen und somit selbst einer zahnlosen Katzenseniorin spannende Unterhaltung und Erfolgserlebnisse bieten kann.

Hilfe bei der Körperpflege

Die wirklich alte Katze kann sich nicht mehr perfekt von Kopf bis Fuß putzen, das Fell wird deutlich struppiger und glänzt nicht mehr wie in früheren Tagen. Helfen Sie ihr. Während der täglichen Streichelrunden fahren Sie mit einem Spezialhandschuh mit kleinen Noppen sanft übers Fell, holen die losen Wollhaare heraus und glätten das Deckhaar. Mit einem lauwarm angefeuchteten weichen Tuch halten Sie die Regionen um den After und um den Hals sauber. Nachhelfen können Sie auch, wenn die Krallen Ihrer Katze zu lang werden. Viele Senioren bearbeiten den Kratzbaum nicht mehr so oft und heftig, können so die Krallen nicht mehr automatisch kurz halten und bleiben an Teppichschlaufen hängen. Mit einer Schere kürzen Sie sanft und vorsichtig die Spitzen.

Manche ältere Katzen erschrecken heftig, wenn sie unvermutet angefasst werden. Sprechen Sie Ihre Katze also an, bevor Sie sie berühren und schenken Sie ihr viel Zärtlichkeit. Das hat sie verdient.

Mehr Wasser, bitte!

Hauskatzen trinken grundsätzlich wenig. Das liegt an ihrer Abstammung von der Falbkatze und deren ursprünglichem Lebensraum in Halbwüsten und Steppen. Den größten Teil ihrer

Flüssigkeit nehmen Katzen über die Nahrung zu sich. Aber oft reicht das nicht, gerade wenn die Katze älter wird. Viele alte Katzen leiden an einer unheilbaren Niereninsuffizienz. Ganz wichtig ist es dann, dass die Katze genügend trinkt, damit ihre Nierenfunktion aufrechterhalten bleibt. Eine Katze, die aus dem Napf zu wenig trinkt, kann vielleicht mit einem Zimmerbrunnen zu mehr Flüssigkeitsaufnahme stimuliert werden. Wasserspiele sind für Katzen jeden Alters eine willkommene Abwechslung.

Mit zwei Katzen spielen

Katzen sind gesellige Tiere und genießen das Leben zu zweit. Vor allem dann, wenn sie regelmäßig auch mal einige Stunden ohne ihren Menschen auskommen müssen. Und das hat auch für Sie ein Gutes: Wenn die Katze einen Spielkameraden hat, kommt sie erst gar nicht auf die Idee, die Wohnung auf den Kopf zu stellen.

Ob Beute jagen, Verstecken im Pappkarton oder Herumtollen in der leeren Badewanne: Zu zweit machen viele Spiele erst so richtig Spaß. Trotzdem brauchen die Miezen immer noch den Menschen als Spielpartner. Schließlich muss jemand die Beute parat halten und die Leckerchen verstecken. Katzen jagen sich meist nicht gegenseitig, sondern gemeinsam nach der Maus – und diese Rolle muss bei Wohnungskatzen ersatzweise der Mensch übernehmen.

Das Schnurspiel

Wenn Sie eine Schnur mit Beute daran hinter sich herziehen, kann es sein, dass sich beide Stu-

Katzen sind gesellige Tiere, sie können auch gemeinsam Ball spielen.

Erziehung mit Freude

bentiger wild darauf stürzen. Beim Suchen von Leckerli zwischen Seidenpapier oder beim Spiel mit einem Blatt Zeitungspapier werden jetzt so richtig die Fetzen fliegen. Vielleicht hat aber auch jede der beiden Miezen ein Lieblingsspielzeug. Finden Sie heraus, was Ihre Samtpfoten so richtig interessiert, dann werden sicher beide begeistert mitspielen. Sie können zum Beispiel für den einen Stubentiger eine Katzenangel oder einen Federwedel benutzen und mit der freien Hand der anderen Katze Gummibälle zuwerfen. Mit einem Laserpointer können sich beide gleichzeitig vergnügen. Viele Katzen lieben die Jagd nach einem tanzenden Lichtpunkt an der Wand. Seien Sie aber vorsichtig: Der Lichtstrahl darf auf keinen Fall die Augen der Katze treffen!

Etwas schwieriger wird es, wenn sich Eifersucht einstellt oder einer der Stubentiger eher schüchtern ist und der andere ein richtiger Draufgänger. Möglich, dass die schüchterne Mieze erst auftaut, wenn die andere sich schon müde gespielt hat. Vielleicht bespaßen Sie dann abwechselnd erst die eine Katze, dann die andere. So kommt jede der beiden mal zum Zug.

Oder Sie benutzen beispielsweise zwei Katzenangeln gleichzeitig: So hat jede ihre eigene „Beute". Achten Sie darauf, dass jeder Stubentiger mal „gewinnt" und belohnen Sie beide für harmonisches Spielverhalten. Manchmal funktioniert das Spielen aber auch nur so, dass eine Katze aus dem Zimmer gesperrt wird, solange Sie sich mit der Kollegin beschäftigen. Wenn die beiden merken, dass jede dran kommt, ist das für sie in Ordnung. Vielleicht haben sie ja auch ganz verschiedene Tagesrhythmen und kommen sich mit ihrer Spiellust gar nicht in die Quere. Was bei Ihnen am besten funktioniert, müssen Sie einfach ausprobieren.

„Auf zwei Beinen komm ich bestimmt dran …"

Kratzbaum: nicht zur zum Krallenwetzen gut.

Clickertraining: einfache, effektive Erziehung.

Clickertraining

Clickertraining ist nicht nur ein tolles Mittel gegen Katzen-Langeweile, es hilft auch, Verhaltensprobleme zu lösen und das Zusammenleben von Mensch und Katze noch spannender zu gestalten. Ob als Erziehungshilfe oder als Motivation zu sportlichen Höchstleistungen – eine Katze kann man genauso wie einen Hund hervorragend mit einem Clicker konditionieren.

Wie der Knackfrosch funktioniert

Das Ganze funktioniert ziemlich einfach. Anfangs muss Ihre Mieze nichts Spezielles tun. Spaziert sie bei Ihnen vorbei, weil sie vielleicht gerade Lust auf eine Mahlzeit hat, nehmen Sie den Knackfrosch, clickern Sie kurz und lassen diesem bisher neutralen Geräusch sofort ein Leckerli folgen. Nach einer Weile fängt der Stubentiger an, mit dem Clickergeräusch etwas Angenehmes zu verbinden. Damit es zu einer Verknüpfung kommt und das Click-Geräusch für die Katze die gleiche Bedeutung wie das Leckerli selbst erhält, darf das Intervall keinesfalls länger als eine halbe Sekunde sein. Das richtige Timing ist das A und O. Da es sich um keinen bewussten Lernvorgang handelt, kann sich der Stubentiger auf Dauer nicht entziehen. Und weil eine Katze sehr schnell begreift, dass sie eine Belohnung bekommt, wenn sie ein bestimmtes Verhalten zeigt, es aber kein Leckerli gibt, wenn sie es nicht tut, wird sie das gewünschte Verhalten immer öfter zeigen.

Ist eine Katze kein Leckermaul, können Sie sie ebenso gut mit einem Spiel oder Streicheln für ihr Wohlverhalten „bezahlen". Wichtig ist aber auch hier, dass die Belohnung sofort, innerhalb einer halben Sekunde nach dem Click, erfolgt.

Grundsätzlich funktioniert das Training bei jeder Katze und nach dem gleichen Prinzip wie bei Hunden. Der Unterschied liegt allein in der Bereitschaft und Konzentrationsfähigkeit. Aufgrund ihrer hochsensiblen Sinnesausrüstung sind Katzen leichter ablenkbar. Wenn die Katze sich gerade lieber putzt oder dringend einen Vogel vor dem Fenster mit den Augen verfolgen muss, hat sie eben keine Lust, mitzuspielen. Aber daran sind Katzenhalter ja ohnehin gewöhnt. Junge Tiere sind noch leichter ablenkbar als erwachsene. Ältere Samtpfoten lernen möglicherweise nicht mehr ganz so schnell, aber ebenso freudig und gut.

Der Clicker als Erziehungshilfe

Mithilfe des Knackfrosches kann der Stubentiger lernen, ein „Nein!" seines Halters zu akzeptieren. Auch wenn es darum geht, die Katze in den Transportkorb zu lotsen oder ihr die Benutzung der Katzenklappe beizubringen, ist der Clicker eine wertvolle Erziehungshilfe.

Wenn Ihre Katze besonders ängstlich oder aggressiv ist, kann das Clickertraining ebenfalls Erleichterung bringen: Die Mieze lernt, sich nicht

Erziehung mit Freude

Kleine Tricks

Diese Kunststückchen können gut dressierte Katzen vollführen:
- „Männchen" machen
- Linke Pfote reichen, rechte Pfote reichen
- Schranktüren öffnen und schließen
- Lichtschalter zu betätigen
- Sich auf einen bestimmten Platz legen
- Auf einen Stuhl springen
- Apportieren

mehr auf ihre Angst zu konzentrieren, sondern stattdessen auf das Clickgeräusch. Sind die Verhaltensstörungen allerdings stark ausgeprägt, ist es ratsam, sich fachlichen Rat zu holen, um die Probleme nicht unbeabsichtigt zu verstärken.

Kunststücke trainieren

Mit Clickertraining können Sie Ihrer Mieze sogar kleine Tricks beibringen. Die beliebtesten Kunststückchen finden Sie im Kasten oben. Erlaubt ist, was der Katze anatomisch möglich ist und ihr Spaß macht, ansonsten sind Ihrer Fantasie keine Grenzen gesetzt. Vielleicht schaffen Sie es sogar, den Stubentiger wie im Zirkus durch einen Reifen (oder eine runde Backform) springen zu lassen. Halten Sie den Reifen ungefähr einen halben Meter vor der Katze über den Boden. Versuchen Sie nun, die Mieze mit einem Leckerli hindurch zu locken. Wenn sie die Aufgabe begriffen hat, können Sie langsam zu Abwandlungen übergehen, zum Beispiel, indem Sie den Reifen höher halten oder die Katze von einem auf den anderen Hocker springen lassen. So anspruchsvolle Kunststücke erfordern natürlich viel Motivation und Geduld von beiden Seiten. Spielerisch mit viel Lob geht es in jedem Fall leichter als auf Kommando.

Besonderen Spaß bringt es, wenn Sie den Clicker einsetzen, um die Mieze über einen Agility-Parcours zu locken!

Intelligenzspiele

Wieso sollte es eigentlich intelligentes Spielzeug nur für Hunde geben? Auch viele Stubentiger finden Gefallen an Spielzeug, das sie geistig herausfordert. Und wenn die Mieze gut beschäftigt ist, besteht erst gar nicht die Gefahr, dass sie aus Langeweile oder wegen fehlenden Trainings unangenehme Verhaltensprobleme entwickelt. Ob gebastelt oder gekauft ist egal, solange Spiel und Spaß garantiert sind: Wenn der Duft von Leckerlis als Belohnung lockt und es anregend raschelt und knistert, werden geduldig Becher und Deckel angehoben oder Schnüre gezogen und es wird nach Futter geangelt, was das Zeug hält. So ist die Katze beschäftigt, und nicht nur Tast- und Geruchssinn, sondern auch genaues Beobachten und strategische Geschicklichkeit werden geschult. Katzen haben zwar ihren eigenen Kopf, aber wenn sie mitmacht, entpuppt sich Ihre Mieze vielleicht als Knobelprofi!

Eine Katze will beschäftigt sein …

Das gemeinsame Spiel festigt das Vertrauensverhältnis zwischen Katze und Mensch.

Erziehung mit Freude

Das Wichtigste auf einen Blick

Entgegen landläufiger Meinung kann man Katzen sehr wohl etwas beibringen. Aber zugegeben, das kostet viel Geduld, Zeit und so einige Leckerli … Wer es aber richtig anpackt, die Mieze immer wieder motiviert und sie nicht überfordert, kann sie effektiv erziehen und ihr sogar Kunststücke beibringen. Dabei muss die Mieze sich nicht nur bewegen, sondern ist auch geistig gefordert – und das tut ihr sehr gut. Natürlich muss Mensch mit Katzenkindern anders umgehen als mit Katzensenioren. Und auch die Sicherheit darf nie zu kurz kommen. Schließlich lauern in jedem Haushalt und auch bei unsachgemäßem Spiel so einige Gefahren, die es zu verhindern gilt.

Fummelspielzeug

Beliebt sind sogenannte Fummelbretter oder Cat Activity Boards. Dabei muss Mieze die versteckten Leckerlis durch Labyrinthe schieben und die Leckerbissen aus kleinen Boxen herausangeln. So lassen sich verfressene Katzen dazu bringen, sich ihr Futter selbst zu erarbeiten. Varianten mit versteckten Kugeln oder Stoffmäusen bieten eine kalorienarme Alternative.

Wenn Sie eine Versteckmöglichkeit selber bauen wollen, versuchen Sie es doch mal mit kostenlosen Alltagsmaterialien wie einem flachen Karton, in dessen Deckel Sie mit einem Cutter Löcher schneiden und leere Toilettenpapierrollen hineinstecken. Jetzt brauchen Sie die Rollen nur noch mit knisterndem Seidenpapier zu füllen und nach dem Zufallsprinzip Leckerchen darauf zu

Egal ob Federbüschel, Band oder Stoffmaus – alles, was an der Angel „tanzt", ist interessant.

Dass da keiner im Eifer des Gefechts vom Kratzbaum herunterfällt!

verteilen. Auch aus Eierschachteln, Waschmittelkugeln oder ausrangierten Sandkastenförmchen lassen sich kreative Fummelspiele basteln.

Angelspaß bietet auch ein Solitär für Katzen, bei dem die Miezen Kunststoffkugeln verschieben müssen. Platz für Leckerchen ist natürlich auch eingebaut. Wenn Sie das Solitär mit Nassfutter verwenden, können Sie sich mit einer Matte als Unterlage vor langwierigen Putzaktionen schützen. Viele Katzen lieben auch Spielschienen, in denen tischtennisballgroße Kugeln laufen und von allen Seiten her gejagt werden können. Zusätzlich zu den Kugeln lassen sich natürlich auch Leckerli in der Schiene verstecken.

Snackballs sind bei vielen Katzen heiß begehrt. Bei richtiger Drehung purzeln Leckerchen aus dem Inneren. Geben Sie die Leckerlis jedoch in Maßen und ziehen Sie sie von der Gesamtfutterration ab – denn Übergewicht ist für die Fitness kontraproduktiv.

Hütchenspiel

Mit einem Hütchenspiel können Sie Ihrer Katze besonders einfach Unterhaltung bieten. Sie brauchen nur ein paar Leckerchen, die den Vorlieben der Katze entsprechen, und geeignete Hütchen, zum Beispiel kleine Kunststoffschalen, leere Marmeladen- oder Dosenmilchbehälter oder Einwegschnapsgläser. Verstecken Sie unter einem der Hütchen das Leckerli, so animieren Sie die Mieze zum Verschieben und Anheben der Hütchen. Wenn Sie kleine Löcher hineinbohren, spornen Sie sie durch den guten Geruch zusätzlich an. Am besten wählen Sie für die Hütchen durchsichtiges Material, denn viele Katzen verstehen nicht, dass der Leckerbissen auch dann noch existiert, wenn sie ihn nicht mehr sehen. Oft hilft es dann, die Hütchen schräg zu stellen. Mit der Zeit lernen die Stubentiger, dass eine Belohnung unter dem Hütchen steckt, auch wenn sie diese gerade nicht sehen.

Und hier noch eine ganz einfache, aber sehr beliebte Form von Intelligenzspiel: Rollen Sie einfach mal ein paar Leckerchen in ein altes Frotteehandtuch ein und lassen Sie Ihren Stubentiger mit der Handtuchrolle allein – mal sehen, wie lange er braucht, um das Tuch auszurollen und sich die Köstlichkeiten zu angeln!

Echte Partner: Kinder und Katzen

Kinder lieben Katzen. Und viele Menschen erinnern sich noch nach Jahrzehnten mit leuchtenden Augen an die Samtpfoten, die sie in ihrer Kindheit begleitet haben.

Frühe Tierliebe

Schon Kleinstkinder sind begeistert, wenn ihnen eine Katze über den Weg läuft. Allerdings können sie oft noch nicht verstehen, dass die Katze auch einmal ihre Ruhe braucht. Wenn ein Kind mit etwa zwölf Monaten vom Baby zum Kleinkind wird, nehmen Bewegungsdrang und Entdeckerfreude zu. Natürlich lädt dann auch der Katzenschwanz, der so lustig hin und her wippt, zum Zupacken ein. Zwar kann das Kind in diesem Alter schon zwischen sich und der Umwelt unterscheiden, es weiß aber noch nicht, was es mit seinen Händen anrichten kann. Und auch die sanfteste Katze hat irgendwann genug und wehrt sich, wenn sie keine Fluchtmöglichkeit hat.

Eltern in der Mitverantwortung

Deshalb sind die Eltern gefordert. Haben Sie zum Wohl beider ein waches Auge auf Kind und Katze. Stellen Sie Regeln auf, zum Beispiel, dass die Katze nicht gestört werden darf, wenn sie schläft, frisst oder in der Katzentoilette ist und machen Sie dem Kind altersgerecht klar, dass eine Katze nicht immer Lust zum Spielen hat. Am besten leben Sie dem Kind den richtigen Umgang mit der Katze einfach vor. Erklären Sie Ihrem Nachwuchs ruhig, dass eine Katze ihm mit ihren Krallen wehtun kann, wenn sie rücksichtslos behandelt wird. Wichtig ist, dass die Katze einen Rückzugsplatz hat und der Kratzbaum nicht zum Turngerät für das Kind umfunktioniert wird. Mit ein bis zwei Jahren wird beim Kind die Grundlage für die Fähigkeit gelegt, sich in andere einzufühlen und Mitleid zu empfinden. Dann kann es lernen, sich auf die Bedürfnisse der Katze einzustellen. Außerdem sind Katzen geduldige Lehrmeister, die viel Geduld mit Kindern haben. Vorausgesetzt, sie sind gut sozialisiert, nicht mehr ganz jung, aber auch nicht zu alt, um kindliche Neugier über sich ergehen zu lassen.

Katzen wirken ausgleichend

Insgesamt profitieren Kinder von den schnurrenden Hausgenossen. Wissenschaftlichen Studien

Ein ganz besonderes Verhältnis haben Kinder und Katzen.

Echte Partner: Kinder und Katzen

Schon die Kleinstkinder sehen die Katze als Spielkameraden.

zufolge sind Kinder, die auf dem Land zusammen mit Tieren aufwachsen, im Allgemeinen gesünder und zeigen weniger Allergien als Stadtkinder oder Kinder, die unter sehr hygienischen Verhältnissen leben. Das liegt vermutlich daran, dass die Immunabwehr stärker ist, wenn das Kind vielen Umweltfaktoren ausgesetzt ist. Aber auch die Psyche spielt vermutlich eine Rolle. Wie Kinderpsychologen festgestellt haben, sind Kinder, die mit Katzen aufwachsen, ausgeglichener, weniger aggressiv und kreativer als andere. Wenn das Kind, für den Fall, dass es doch mal einen Kratzer abbekommt, gegen Tetanus geimpft ist, sich nach dem Streicheln die Hände wäscht und kein Katzenspielzeug in den Mund steckt, müssen Sie keine medizinischen Bedenken haben.

Schulkinder und Katzen – eine wunderbare Verbindung

Erst mit über fünf Jahren sollte ein Kind beim Füttern einbezogen werden. Es kann zum Beispiel den Napf ausspülen und Wasser- oder Futternapf neu füllen. Damit lernt es, allmählich in Verantwortung hineinzuwachsen. Gleichzeitig bekommt das Kind das Gefühl, für das Haustier wichtig zu sein – und das gibt einen Schub fürs Selbstvertrauen. In diesem Alter kann ein Kind auch beginnen, unter Aufsicht mit der Katze zu spielen. Wenn es mit der Katze aufgewachsen ist, weiß es jetzt, wann es Rücksicht nehmen muss und dass Hygiene im Umgang mit Haustieren wichtig ist. Wenn die Katze neu in den Haushalt kommt, können Sie das Kind von Anfang an in die Versorgung des Stubentigers einbinden.

Ab etwa zwölf Jahren sind die meisten Kinder schon so weit, ihre Katze auch selbstständig zu versorgen. Aber fast alle müssen von ihren Eltern an ihre Pflichten erinnert werden. Auch wenn das Tier auf Wunsch des Kindes angeschafft wurde – die Eltern übernehmen immer die (Mit-)Verantwortung.

Ein Haustier ist ein toller Ausgangspunkt. Plötzlich wollen die Kids alles Mögliche wissen, etwa über die Eigenschaften der Katze, über deren wilde Verwandte und vieles mehr. So wird aus dem Kind ein Katzenforscher, der sich intensiv und sinnvoll mit dem Tier beschäftigt. Das Gleiche gilt für kreative Spiele und Rituale wie gemeinsame Kuschelstunden.

Beschäftigung für Kind und Katze

Besonders viel Spaß macht Kindern natürlich das gemeinsame Spielen mit der Katze. Eine tolle Möglichkeit, kreativ zu werden, Spaß zu haben und zu lernen, rücksichtsvoll und vorsichtig zu sein. Denn beim Spielen ist das Kind für das Wohlergehen und die Sicherheit seiner Katze verantwortlich. Wenn das Kind mit einer Katzenangel spielt und die Katze die Beute im Maul hat, darf nicht an der Schnur gerissen werden. Und alle Ausgelassenheit hat ihre Grenzen: Katzen wollen wild hinter einem Spielzeug herjagen – aber sie wollen nicht selbst durch die Wohnung gejagt werden. Die meisten Kinder haben doppelt viel Spaß, wenn sie das Spielzeug für die Katze selbst basteln können. Auch ein Kind kann aus einem Karton ein Katzenhaus zum Verstecken herstellen, indem es Löcher hineinschneidet. Oder es kann eine alte Socke mit raschelndem Seidenpapier ausstopfen. Es gibt viele Möglichkeiten und das Kind freut sich bestimmt, wenn Sie mit ihm Katzenspielzeug basteln – von der Katze ganz zu schweigen.

Katzenspaß für alle?

Eine Katze liebt es, wenn sie ganz in die Familie einbezogen wird. Doch was ist eigentlich, wenn nicht alle Familienmitglieder diesen Spaß teilen? Ein Grund dafür können natürlich Allergien sein. Dann ist die Haltung einer Katze problematisch, es sei denn, sie ist sehr viel draußen. Je nachdem wie ausgeprägt die Allergie ist, kann man auch mit allerlei Tricks und dem richtigen Medikament Erleichterung schaffen. Häufig sind aber eher Eifersuchtsgefühle der Grund für eine Abneigung dem Stubentiger gegenüber. Wenn die Katze alles darf und nach Strich und Faden verwöhnt wird, fühlt sich so mancher Mensch leicht wie die zweite Geige. Aber auch die Katze fühlt sich vernachlässigt, wenn sie auf einmal weniger Aufmerksamkeit bekommt, etwa weil ein neues Familienmitglied hinzukommt. Mit Verständnis und Kompromissbereitschaft müssen Sie den Familienfrieden dann neu aushandeln. Es muss ja auch nicht jeder zum erklärten Katzenfreund werden – oft reicht schon eine neutrale Haltung, damit die Mieze sich nicht abgelehnt fühlt.

Motivieren Sie Ihr Kätzchen zum Spiel.

Für die Katze basteln und Feste feiern

Die Katze gehört zur Familie, jedenfalls sieht sie selbst es so, deshalb sollte sie auch mal gefeiert und verwöhnt werden, zum Geburtstag, an Weihnachten oder ganz ohne besonderen Grund.

Kleine Geschenke erhalten die Freundschaft – auch zwischen Mensch und Katze. Sicher freut sich Ihre Mieze ab und zu über ein selbst gebasteltes Spielzeug, in das Sie etwas mehr Zeit investiert haben, als für das Aufstellen eines Spielkartons nötig ist. Und wenn Sie anderen Katzenbesitzern eine Freude machen wollen, stehen selbst gebastelte Duftkissen als Mitbringsel für die Mieze sicher hoch im Kurs. Ansonsten gilt: Beziehen Sie die Katze möglichst immer ein, wenn es etwas zu feiern gibt. Schließlich gehört sie zur Familie!

Katzenspielzeug selbst basteln

Im Fachhandel finden Sie eine riesige Auswahl an Spielsachen für Katzen. Da ist für jeden Geschmack etwas dabei. Achten Sie aber auf Qualität und Schadstoffarmut. Sehr buntes Spielzeug und billig verarbeitete Spielsachen enthält manchmal Farben, die für Katzen giftig sein können, oder es können sich kleine Plastikteile

Die Dekoration zum Fest sollte immer vor Katzen geschützt werden.

lösen, die der Mieze beim Verschlucken gefährlich werden können. Katzen lieben es nun einmal, ihr Spielzeug so richtig zu zerfetzen. Am allerbesten sind natürlich Spielsachen aus Naturmaterialien. Wenn Ihre Mieze gern auf Spielzeug herumkaut – besorgen Sie ihr doch gleich ein Teil, das die Zähne pflegt und das Zahnfleisch massiert. In jedem Fall gilt: Je lieber ein Stubentiger einen Gegenstand hat, desto öfter muss er auch ausgetauscht werden!

Billiger wird das Ganze, wenn Sie Ihrer Katze auch oder sogar ausschließlich selbst hergestellte Sachen zum Spielen anbieten. Alle Experten sind sich einig, dass einfaches Spielzeug meist das Beste ist. Außerdem können Sie auf individuelle Vorlieben Ihres Stubentigers eingehen – Sie kennen ihn schließlich am besten!

Katzenangeln können Sie zum Beispiel auch einfach selbst herstellen, indem Sie eine „Beute" an einer Schnur befestigen. Plastikbälle können Sie selbst umhäkeln oder umstricken, damit Mieze sie mit einer ausgefahrenen Kralle angeln und hochschleudern kann, um ihnen nachzujagen und sie mit jedem weiteren Hieb quer über den

Info

Haben Katzen eine Lieblingsfarbe?

Übrigens: Bei der Auswahl der Farben für das Katzenspielzeug können Sie ganz nach Ihrem eigenen Geschmack gehen. Bis in die 50er-Jahre ging die Wissenschaft davon aus, dass Katzen überhaupt keine Farben wahrnehmen können. Inzwischen wurde das Gegenteil bewiesen, aber Katzen reagieren in der Regel nur minimal auf Farbunterschiede. Geräusche und Bewegungen interessieren sie weit mehr.

Teppich zu treiben. Und natürlich freut sich der Stubentiger über jede Art von Stofftierchen, vor allem, wenn in deren Bauch Katzenminze steckt. Auch beim Basteln sollten Sie selbstverständlich darauf achten, schadstofffreie Materialien zu verwenden und nicht etwa giftigen Klebstoff. Alles, was mit langen Schnüren zu tun hat, sollte Mieze nur in der Gesellschaft ihrer Menschen zum Spielen bekommen. Wählen Sie hochwertige Stoffe, die nicht abfärben. Ansonsten kann es passieren, dass die Katze beim Kauen an ihrem Spielzeug giftige Farbe abschleckt und schluckt. Und natürlich ist es von Vorteil, wenn Spielzeug aus Stoff auch waschbar ist – dann haben Sie und Ihre Samtpfote länger Freude damit.

Info

Spielzeug, das größer ist

als eine fette Maus, wird von den meisten Katzen übrigens gemieden, denn Ratten und andere größere Beutetiere sind gefährliche Gegner, mit denen man sich lieber nicht anlegt.

Auch mit ganz wenig Aufwand können Sie Ihrer Katze eine große Freude machen. So kann ein Tischtennisball oder ein faustgroßer Ball aus zusammengeknülltem Papier, eine alte Socke oder ein abgeschnittenes Bein einer Kinderstrumpfhose, das mit Katzenminze ausgestopft wurde, ganz schnell für Abwechslung im Katzenalltag sorgen.

Ein Wollknäuel, das klassische Katzenspielzeug schlechthin, macht Ihrem Stubentiger bestimmt viel Spaß, allerdings sollten Sie Ihre Katze nur unter Aufsicht mit der Wolle spielen lassen, denn sie könnte sich gefährlich verheddern und im schlimmsten Fall strangulieren.

Duftkissen, Katzenbonbons & Co.

Sinneslust für die Katze

Katzen lieben neben Baldrian und Pfefferminz den Duft von Katzenminze. Für uns Menschen mutet der Geruch dagegen eher unangenehm an. Katzenminze (Catnip) ist ungefährlich, aber viele Stubentiger reagieren sehr stark darauf, denn der Duft regt die Sinne der Katze extrem an. Damit es etwas Besonderes bleibt, sollte Katzenminze nur sparsam eingesetzt werden, zum Beispiel als entspannende Belohnung nach der Tobestunde. Es gibt Katzenminze als Spray zum Beduften von Spielzeug, gut geeignet ist die Pflanze aber auch als Füllung in Duftkissen. Sie können die Katzenminze selbst ziehen oder fertig getrocknet im Fachhandel kaufen. Bewahren Sie das Duftspielzeug immer in einem gut verschlossenen Behälter auf, wenn es nicht im Einsatz ist, beispielsweise in einer Kaffeedose.

Mit kleinen, selbst gemachten Duftkissen können Sie Ihrer Mieze ein unwiderstehliches Sinnes-

Jeder neue Gegenstand wird erst einmal mit der empfindlichen Nase „begutachtet".

erlebnis schenken. Die bunten Schnüffelkissen werden mit Katzenminze gefüllt und versetzen fast jede Katze in einen wahren Sinnenrausch. Genäht werden sie ganz einfach und schnell von Hand, wie in der Anleitung beschrieben, oder mit der Nähmaschine – das Prinzip bleibt das gleiche. Bei Formen und Stoffmustern können Sie Ihrer Fantasie freien Lauf lassen. Werden Sie kreativ!

Anleitung Schritt für Schritt

Für ein Duftkissen benötigen Sie folgendes Material:
Stoffrest (ca. 12 x 15 cm in Doppellage), Schablone (z.B. Whiskas-Katzenkopf-Deckel, einen kleinen Topf für ein rundes Duftkissen, eine viereckige Schachtel …), Stift, Stecknadeln, Nadel und Faden, Schere, Dinkelspelz, Katzenminze, einen Löffel zum Befüllen
Schritt 1: Legen Sie zwei gleich große Stoff-Vierecke auf rechts aufeinander und übertragen

Info

Ausrangiertes Kinderspielzeug

können Sie zweckentfremden, wenn es für die Katze ungefährlich ist. Dafür eignen sich Bälle, Rasseln, Sandkastenförmchen, Bauklötze, einfach gebaute Autos, Kugelbahnen und vieles mehr. Stofftiere auf Rollen beäugt die Mieze sicher erst mal skeptisch, aber vielleicht freundet sie sich ja doch damit an. Einige Samtpfoten machen es sich gern in Bollerwagen oder Spielzeugkinderwagen gemütlich. Und so manches alte Puppenhaus wird mit einer warmen Decke im Handumdrehen zu einer kuscheligen Höhle.

Ein Schlafkissen

Das gleiche Prinzip können Sie auch auf ein größeres Format übertragen und Ihrer Katze ein eigenes Schlafkissen basteln. Dann natürlich nicht mit Catnip-Füllung, sondern mit Füllmaterial aus dem Bettengeschäft. So wird ein Karton oder eine einfache Holzkiste ganz schnell zum kuscheligen Lieblingsplatz. Denn Schlafen gehört eindeutig zu den wichtigsten und beliebtesten Beschäftigungen unserer Stubentiger. Je weicher und flauschiger, umso besser. So wie sich unsere Katzen auch gern mal aufs frisch ausgeschüttelte Federbett legen und dabei wie in einer Wolke versinken, lieben sie jegliche Form von Kissen.

Auch wenn es Ihrer Katze ganz egal sein wird, in welcher Farbkombination Sie das Kissen gestalten – es soll sich ja in Ihrem Zuhause gut machen. Gestalten Sie den Schlafplatz Ihrer Mieze also zum Blickfang und Lieblingsstück für alle Beteiligten!

Sie mithilfe einer Schablone das gewünschte Motiv.
Schritt 2: Damit die Stoffstücke nicht verrutschen, stecken Sie sie mit Stecknadeln zusammen. Am besten, Sie fixieren den Stoff um den inneren Rand.
Schritt 3: Nachdem Sie die Stoffteile befestigt haben, nähen Sie sie entlang der Markierung zusammen. Sparen Sie am unteren Rand 2–3 Zentimeter aus.
Schritt 4: Die beiden Stoffstücke sind nun miteinander verbunden. Schneiden Sie das Motiv mit einem Rand von circa 0,5 Zentimeter rundherum aus.
Schritt 5: Stülpen Sie jetzt das entstandene Säckchen um. Füllen Sie es mit Dinkelspelz und Catnip. Erfahrungsgemäß reichen 1–2 Teelöffel Catnip aus.
Schritt 6: Schlagen Sie den Rand von 0,5 Zentimeter an der offenen Seite ein und nähen Sie die Öffnung fest zu. Fertig ist das Katzen-Spielzeug!

Katzen-Bonbons

Sehr begehrt sind auch Ü-Eier, die mit klapperndem Inhalt gefüllt sind, zum Beispiel mit kleinen Steinchen. Sie lassen sich wunderbar geräuschvoll mit den Pfoten über den Boden jagen. Allerdings ist das nichts für Katzen, die die gelben Plastikeier aufnagen. Es sei denn, Sie „verkleiden" das Ü-Ei oder basteln Ihrer Mieze ein Überraschungsbonbon. Das könnte für

Katzenbaum der anderen Art …

spielfreudige Katzen, die alles lieben, was scheppert, die größte Freude sein. Und das Bonbon mit dem klingelnden Innenleben ist ganz leicht nachzumachen.

Anleitung Schritt für Schritt
Für ein Katzen-Bonbon benötigen Sie folgendes Material:
1 Stück Stoff, 1 Überraschungs-Ei, 1 Glöckchen, Schere, Nadel, Faden, Satinband
Schritt 1: Schneiden Sie den Stoff so zu, dass er von der Breite her gerade eben um das Überraschungs-Ei passt (ein wenig Nahtzugabe einrechnen). Die Enden lassen Sie länger. Nun legen Sie das Glöckchen in das Ei.

Schritt 2: Legen Sie den zugeschnittenen Stoff auf rechts und nähen Sie mit Nadel und Faden die zwei längeren Enden zusammen, sodass ein Schlauch entsteht. Stülpen Sie dann den Schlauch um.
Schritt 3: Schieben Sie das verschlossene Überraschung-Ei in den Schlauch, bis es in der Mitte liegt. Wenn der Schlauch etwas zu eng geraten ist, öffnen Sie die Naht ein wenig, dann passt das Ei leichter hinein.
Schritt 4: Binden Sie nun die Enden jeweils mit einem Satinband zu und verknoten Sie es gut. Binden Sie eine Schleife und kürzen Sie die Stoffenden je nach Belieben mit der Schere. Fertig ist das Katzen-Bonbon!

Mit wenigen Mitteln kann man selbst ein interessantes Duftkissen zaubern.

Knisterkissen

Es muss nicht immer Katzenminze oder Baldrianwurzel sein. Nein, unsere Katzen lassen sich auch von anderen betörenden Signalen gerne zu einem Spielchen animieren. Alles, was raschelt und knistert, finden Katzen ungemein interessant und anregend. Da wird so ein Knisterkissen schnell zur begehrten Beute und zum heiß geliebten Spielzeug. Überraschen Sie Ihre Katze doch einmal mit diesem Sinneserlebnis, das ganz einfach hergestellt werden kann.

Anleitung Schritt für Schritt

Für ein Knisterkissen brauchen Sie folgendes Material:

Stoff (Material und Farbe beliebig), Füllwatte, Satinband, Nähnadel, Nähgarn, Glöckchen, Stoffschere, Knisterfolie (bekommen Sie im Internet; ersatzweise können Sie auch Geschenkfolie oder Obsttüten aus dem Supermarkt verwenden)

Schritt 1: Schneiden Sie aus dem Stoff zwei gleich große Vierecke. Rechnen Sie zu der gewünschten Kissengröße an jeder Seite 0,5 bis 1 cm Nahtzugabe hinzu. Bei Material und Farbe des Stoffes können Sie Ihrer Fantasie freien Lauf lassen.

Schritt 2: Schneiden Sie vom Satinband vier gleich lange Streifen ab. Nähen Sie die Satinstreifen jeweils an die Ecken eines der beiden Stoff-

Eingefüllte Getreidespelzen sorgen dafür, dass das Kissen interessant knistert.

Für Fortgeschrittene: Kissen in Katzenkopfform.

Das Einfüllen geht ganz einfach.

vierecke. Achten Sie darauf, dass Sie die Streifen auf die rechte Seite des Stoffes annähen.

Schritt 3: Schneiden Sie aus der Knisterfolie gleich große Vierecke wie aus dem Stoff. Legen Sie die Stoffstücke aufeinander, sodass die rechte Stoffseite oben liegt. Legen Sie jeweils eine Knisterfolie darauf.

Schritt 4: Bevor Sie nun drei Seiten des Stoffes mit der Knisterfolie zusammennähen, legen Sie die Satinbänder nach innen. Eine Seite des Beutels sparen Sie für die spätere Füllung beim Nähen aus.

Schritt 5: Wenn Sie drei Stoffseiten geschlossen haben, stülpen Sie den Beutel um. Nun liegt die „richtige" Seite des Stoffes oben. Die Satinbänder zieren die Ecken, die Nähte sind im Beutelinneren versteckt.

Schritt 6: Nun stopfen Sie den Beutel mit Füllwatte aus (je nach Volumenwunsch mehr oder weniger). Wenn Sie möchten, können Sie der Füllung auch Katzenminze oder Baldrianwurzel hinzufügen.

Schritt 7: Nähen Sie nun den Beutel an der noch offenen Seite zu. Schlagen Sie dabei die Ecken an den Satinbändern ein, damit eine saubere Naht entsteht. Stoff- und Garn-Überreste schneiden Sie einfach ab.

Schritt 8: Nun ist der Knisterbeutel fast fertig. Um das Spielvergnügen für Ihre Katze noch zu erhöhen, fädeln Sie zwei Glöckchen auf zwei Satinbänder und knoten diese fest. Fertig ist der Knister-Spaß!

Ein Kuschelbett für die Mieze

So wird ein alter Pullover zum besten Freund Ihrer Katze – ideal zum Schmusen!

Es braucht oft nicht viel, um Ihrer Katze eine ganz besondere Freude zu machen! Ein alter Pullover, den Sie vielleicht ohnehin weggeben wollten, ein bisschen Füllwatte, ein Kissen-Inlet und Nadel und Faden – schon haben Sie alles Nötige parat für ein wunderbar kuscheliges Katzenbett. Schnell und einfach geht das. Das Beste aber an der ganzen Sache ist: Der Pullover trägt mit Sicherheit noch Ihren Duft, sodass sich Ihre Katze von ganz allein in dieses ganz persönliche Geschenk hineinkuscheln wird!

Anleitung Schritt für Schritt

Für ein Kuschelbett brauchen Sie folgendes Material:
Einen alten Pullover, 1 Sitzkissen (40 x 40 cm) je nach Größe des Pullovers, Füllwatte, Nadel und Faden

Für die Katze basteln und Feste feiern

Welche Mieze würde sich nicht über ein ganz persönliches Duftkissen freuen?

Schritt 1: Füllen Sie den Pulloverbauch mit dem Kissen. Es dient als Liegefläche.
Schritt 2 und 3: Danach nehmen Sie die Füllwatte und füllen damit beide Ärmel bis zum Kragen, sodass eine runde, kissenförmige Form entsteht. Formen Sie die Ärmel gleichmäßig aus.

Schritt 4: Danach schließen Sie den Kragen mit Nadel und Faden, damit keine Watte entweicht.
Schritt 5: Ganz zum Schluss verbinden Sie die Ärmelenden und nähen sie zusammen.
Schritt 6: Fertig ist das warme und gemütliche Sitzkissen für Ihre Katze!

Info

Ein individuelles Geschenk

erhalten Sie auch, wenn Sie gemeinsam mit Ihrer Katze ein professionelles Fotoshooting machen lassen. Wenn Ihre Katze neugierig ist, auf Fremde problemlos zugeht und an den Transportkorb gewöhnt ist, können Sie einen Versuch wagen. Mit den Bildern können Sie im Fotoladen dann auch Tassen, T-Shirts, Puzzles oder Ähnliches gestalten lassen.

Basteln für Katzenfreunde

Wer sagt eigentlich, dass sich nur die Katze über Bastelarbeiten freut? Auch ihr Mensch sollte schließlich nicht zu kurz kommen. Die folgenden Anleitungen sind etwas für eingefleischte Katzenliebhaber, aber auch für alle, die es erst werden wollen.

Katzenköpfe aus Filz

Laden Sie doch mal wieder Gäste ein! Davon profitiert übrigens auch Ihre Katze. Zumindest die neugierigeren Vertreter schließen gern neue Freundschaften und freuen sich über Abwechslung im Wohnungsalltag. Schön, wenn Sie

Mit ein wenig Spielzeug wird die Transportbox gleich viel interessanter.

dann gleich bei der Tischdeko zeigen können, dass die Katze bei Ihnen immer dazugehört! Die verspielten Accessoires sorgen in jedem Fall für gute Laune. Farben und Dekor können Sie ganz nach Ihrem Geschmack, nach Lust und Laune und passend zur Jahreszeit selbst aussuchen. Ein hübscher Blickfang wird es in jedem Fall!

Anleitung Schritt für Schritt
Für die Katzenköpfe brauchen Sie folgendes Material:
Filzplatten in verschiedenen Farben, Tischkartenhalter, Pailletten und Perlen, Silberdraht, Druckknöpfe, Katzenkopf-Schablone, Schere, Klebstoff, Stift, Pinzette
Schritt 1 + 2: Katzenköpfe in verschiedenen Größen mithilfe einer Schablone auf den Filz aufmalen und ausschneiden. Für die Serviettenringe einen Streifen Filz (ca. 70 x 20 mm) zuschneiden.
Aus Pailletten, Perlen und Drahtstücken das Katzengesicht gestalten und auf den Filz aufkleben.

Mit einer Pinzette lassen sich die Perlen besser greifen.
Schritt 3: Den Filzstreifen für den Serviettenring mit einem Druckknopf versehen. Verwenden Sie das zugehörige Werkzeug aus der Verpackung und beachten Sie die Anleitung. Die Katzenköpfe auf den Serviettenring und den Tischkartenhalter kleben und alles gut trocknen lassen.

Schlüsselschmuck
Süße Kätzchen mit blauen Augen oder ein fröhliches Pfötchenmotiv lassen gleich morgens, beim Auf- oder Abschließen der Tür, gute Laune aufkommen. Mit diesem originellen Schlüsselanhänger können Sie Ihren eigenen Schlüsselbund aufpeppen. Oder Sie verschenken das niedliche Schmuckstück an einen Katzenfreund – mit Sicherheit ein einzigartiges Mitbringsel!
Suchen Sie sich einen Stoff mit Katzenmotiv aus, der Ihnen gefällt, und verwandeln Sie ihn in ein paar einfachen Schritten in ein hübsches Accessoire. Bei Farbe und Größe haben Sie die freie Wahl!

Anleitung Schritt für Schritt

Für den Schlüsselschmuck brauchen Sie folgendes Material:
Schere, Stoff, dünnes Vlieseline (einseitig klebend), Bügeleisen, Nähmaschine, Faden, Sicherheitsnadel, Stecknadeln, Schlüsselring
Schritt 1 und 2: Stoff in gewünschter Größe zuschneiden (Nahtzugabe nicht vergessen), Vlieseline in gleicher Größe wie Stoff zuschneiden und auf die Stoffrückseite aufbügeln.
Schritt 3: An einer Seite das Stoffstück mit der aufgebügelten Vlieseline circa 1 bis 1,5 Zentimeter (je nach Belieben) umbügeln. Beachten Sie bitte, dass die Vlieseline hierbei innen liegt.
Schritt 4: Einen Streifen für Aufhänger nähen. Eine Sicherheitsnadel am Ende des Schlauches anbringen und durch den Schlauch ziehen, um ihn umzukehren. Bügeln, sodass die Naht mittig liegt.
Schritt 5: Den Aufhänger-Schlauch zur Hälfte zusammenlegen und zwischen die beiden Stoffstücke mit Vlieseline anstecken.
Schritt 6: Die Stoffstücke so absteppen, dass der Anhänger innen liegt und mit angenäht wird.
Schritt 7: Den Beutel umkehren und offene Seite ebenfalls absteppen.
Schritt 8: Schlüsselring am Aufhänger anbringen. Fertig ist der Schlüsselanhänger!

Dreiteilige Weihnachtsdeko

Wenn es weihnachtet, darf liebevolle Fest-Deko nicht fehlen. Egal ob für den Adventskranz, den Christbaum oder für einzelne Tannenzweige, in

Weihnachten und Geburtstage sind auch bei Katzen beliebt – wegen der Geschenkbänder.

der Advents- und Weihnachtszeit gehören Schmuckanhänger zu den beliebtesten Deko-Stücken. Schnell und mit wenig Aufwand können Sie die festlichen Anhänger mit Katzenmotiv nachbasteln.

Teil 1
Anleitung Schritt für Schritt

Für den Filzherzen-Schmuck brauchen Sie folgendes Material:
Tannenzapfen, diverse Deko-Bänder, Bastelkleber, Deko-Holzkätzchen (gibt es im Bastelladen), Deko-Perlen, Näh- oder Bastelnadel, Filzherzen, 1 Weidenkranz, breites Deko-Band für die Kranzaufhängung
Schritt 1: Knoten Sie ein schmales Deko-Band ans obere Ende des Tannenzapfens und ziehen Sie die Perlen und das Deko-Kätzchen über eines der Bänder.
Schritt 2: Formen Sie aus Deko-Band eine Schleife. Kleben Sie diese und das Deko-Kätzchen mit Bastelkleber auf das rote Filzherz. Verzieren Sie das Band wie in Teil 2 mit Perlen.
Schritt 3: Bringen Sie das Herzchen und den Tannenzapfen wie gewünscht am Weidenkranz an.

Teil 2: Ein schlichter Adventskranz
Anleitung Schritt für Schritt

Für die Adventskranz-Deko brauchen Sie folgendes Material:
1 Weinrebenkranz, Golddraht, Schere, rote und goldene Deko-Perlen
Schritt 1: Messen Sie den Golddraht je nach Kranzlänge ab und fädeln Sie goldene und rote

„Ob ich da wohl schon mal mit dem Auspacken der Geschenke anfangen darf?"

Für die Katze basteln und Feste feiern

Katzenfreunde freuen sich bestimmt über Ostereier in Serviettentechnik.

Deko-Perlen ganz nach Belieben auf den Draht.
Schritt 2: Nehmen Sie in regelmäßigen Abständen 2–3 Perlen und zwirbeln Sie den Draht unterhalb der Perlengruppe ein paar Mal, sodass eine „Blüte" entsteht.
Schritt 3: Nun winden Sie die fertige Perlengirlande um den Weinrebenkranz.

Teil 3 – Fenster-Deko „Päckchen"
Wer gern mal etwas Neues ausprobiert und nicht immer nur den traditionellen Kranz schmücken möchte, empfindet diese Fenster-Deko-Idee eventuell als gelungene Abwechslung. Auch hier sind Sie in der Auswahl der Farben von Papier, Perlen und Deko-Bändern völlig frei. Setzen Sie Akzente genau da, wo Sie möchten und gestalten Sie Ihre ganz individuelle Fest-Deko – natürlich mit Katzenmotiven.

Anleitung Schritt für Schritt
Für die Päckchen-Deko brauchen Sie folgendes Material:
Seidenpapier, „Streichholz"-Schachteln aus dem Bastelladen, Tesafilm, Deko-Holzkätzchen, Deko-Perlen, diverse Deko-Bänder, Nähnadel, Schere
Schritt 1: Schachteln mit Seidenpapier zu kleinen Geschenkpäckchen einpacken. Tipp: Verwenden Sie das Papier doppellagig, dann scheint die weiße Farbe der Schachteln nicht durch.
Schritt 2: Binden Sie aus einem schmalen Band eine Schleife und kleben Sie diese und ein Deko-Holzkätzchen aufs Päckchen.
Schritt 3: Messen Sie ein breiteres Deko-Band je nach Höhe Ihres Fensters ab und fädeln Sie Deko-Perlen darauf. Nehmen Sie eine Näh-/Bastelnadel zuhilfe.
Schritt 4: Ziehen Sie die Perlen in regelmäßigen Abständen über das Band und kleben Sie die Päckchen jeweils zwischen zwei Perlen.
Schritt 5: Befestigen Sie nun am oberen und unteren Ende eine Schleife aus breiterem Deko-Band.
Als Aufhängung formen Sie am oberen Ende eine Schlaufe.

Lassen Sie Ihre Katze zu Ostern doch an der allgemeinen Eiersuche teilhaben!

Osterüberraschungen für die Katze

Was machen Menschen an Ostern? Wir suchen Osternester und Ostereier. Selbst den seriösen Nachbarn sehen wir plötzlich auf allen vieren durch den Garten robben! Lassen Sie auch Ihre Katze mitmachen. Denn Such- und Versteckspiele machen der Mieze Spaß und bringen sie außerdem nach den langen Wintermonaten ein bisschen auf Trab. Mit den folgenden Spielideen wird es Ihrer Katze über die Osterfeiertage bestimmt nicht langweilig:

Angeln ohne Haken

Viele Intelligenz- und Geschicklichkeitsspiele sind darauf ausgerichtet, dass Katzen fummeln müssen: Aus kleinen Öffnungen oder Dosen fischen sie Leckerlis, manchmal müssen sie vorher sogar noch einen Deckel entfernen. So ein Spiel können Sie auch Ihrer Katze bieten:
Wenn Sie einen Kratzbaum mit Naturholzstamm haben, dann können Sie ganz leicht ein Fummelspiel in den Kratzbaum integrieren. Bohren Sie kleine Löcher in den Stamm und verstecken Sie darin kleine Katzen-Pralinés. Die kann sich die Mieze dann herausfischen. Oder Sie hängen einen Leckerbissen an einen Ast des Kratzbaumes, sodass Ihre Katze ihn sich geschickt von einer Zwischenebene aus angeln muss. Natürlich können Sie auch in einen etwas dickeren Ast aus dem Garten Löcher bohren und ihn so in ein selbst gemachtes Geschicklichkeitsspiel verwandeln.

Wühlmäuse willkommen

(Fast) Alle Miezen lieben es, in Kisten, Körben oder Taschen herumzuschnüffeln, die – versehentlich oder absichtlich – auf dem Boden abgestellt wurden. Und der Schnüffelspaß kann noch erhöht werden, wenn es etwas zu wühlen gibt:
Füllen Sie einen Korb, eine Kiste, eine Plastikwanne oder eine große Tasche mit zerknülltem Papier oder Bällen (zum Beispiel Tischtennisbällen oder Gummibällen). Dazwischen platzieren

Für die Katze basteln und Feste feiern

Das Spielzeug sollte nicht ständig herumliegen – dann ist das Wiedersehen schöner.

Sie einige Leckerbissen – ihr Duft wird die Katze anspornen, richtig gründlich zu wühlen und von der Mieze zur Wühlmaus zu werden.

Das Wetter: heiter und lecker

Ein Such- und Versteckspiel mit Freilaufkatzen draußen ist nicht so leicht zu bewerkstelligen. Schließlich bieten Garten oder Terrasse im Normalfall eine größere Fülle an möglichen Verstecken als das Wohnzimmer, und außerdem gibt es im Freien alle möglichen verlockenden und ablenkenden Gerüche und Geräusche. Doch mit der simpelsten aller Spielideen können Sie punkten – mit dem Leckerli-Regen.

Wenn Ihre Katze gemächlich vorbeispaziert, dann werfen Sie ihr gleich gezielt einen leckeren Happen vor die Füße (möglichst noch bevor sie irgendetwas Interessantes entdeckt hat und über alle Berge ist). Dann werfen Sie wieder ein Leckerli – so, dass die Katze es sieht, und nicht zu weit von ihr entfernt, damit sie es im Gras auch finden kann. Sie werden sehen: An diesem Leckerli-Regen hat jede Katze Spaß.

Auf Schatzsuche

Auch Ihrer Samtpfote können Sie ein kleines Osternest verstecken. Wichtig dabei ist nur, dass es unwiderstehlich lecker riecht. Denn wenn der verlockende Duft von Katzenminze, Leber oder Fisch an die Nase dringt, dann vergisst man auch mal, dass man eigentlich ein Stubentiger ist, und begibt sich in der Weite des Wohnzimmers auf die Suche nach der Beute.

Packen Sie also ein kleines Nest mit besonders duftendem Inhalt. Ostergras finden die meisten Katzen ziemlich interessant – zum Zerwühlen und Anbeißen. Oder Sie verwenden einfach Katzengras in einem Topf oder Körbchen. Die üblichen gekochten und bunt gefärbten Ostereier kann übrigens auch eine Katze zu essen bekommen. Sie schaden ihr nicht, sondern sind mit ihren hochwertigen Proteinen sogar wichtig und gesund für die Muskeln. Auch über eine kleine Figur, etwa ein Küken aus Plüsch oder ein Vögelchen aus Filz mit Katzenminze-Füllung freut sich Ihre Mieze sicher. Vielleicht basteln Sie ihr sogar einen gehäkelten Osterhasen mit einem versteckten Glöckchen im Bauch? Dazwischen platzieren Sie einfach ein paar Leckerli.

Verstecken Sie das fertige Nest an einer Stelle, die für die Katze relativ einfach und vor allem gefahrlos zu erreichen ist (auf dem Fensterbrett, im Bücherregal, unter dem Sofa …). Lassen sie die Mieze in Ruhe danach schnüffeln. Sie können auch eine Spur legen – allerdings sollten Sie dafür wirklich nur einige wenige Stückchen Trockenfutter verwenden, sonst wird die Katze bereits von der Spur satt und freut sich nicht mehr richtig über den gefundenen Schatz.

Was zirpt denn da?

Wenn aus einer Höhle (zum Beispiel einem Stuhl, über den eine Decke gebreitet wurde, oder aus einem Berg Sofakissen) plötzlich fremde Geräusche kommen, dann bekommen es ängstliche Katzen sofort mit der Angst zu tun. Die echten Abenteurer und Entdecker aber wollen dem Ganzen auf den Grund gehen und werden sich vorsichtig zur Geräuschquelle vorwagen.

Lassen Sie eine CD mit Naturgeräuschen (Grillenzirpen, Vogelzwitschern) im Versteck abspielen. Es eignen sich auch eine kleine (nicht zu laute) Spieluhr oder selbst aufgenomme Geräusche wie Knistern oder Knacken. Ermutigen Sie Ihren kleinen Jäger mit Locken, Loben oder Leckerlis. Wenn er sich herantraut und die Höhle untersucht, lassen Sie einen kleinen Plüschvogel oder Ähnliches zum Vorschein kommen und belohnen Sie die Katze mit einer Extra-Spieleeinheit.

„Das kenn ich ja noch gar nicht. Muss ich gleich mal genauer anschauen …"

Adventskalender & Co.

Zu Weihnachten freuen sich auch unsere Samtpfoten über ein Geschenk. Schließlich wollen sie nicht als Einzige das Nachsehen haben, wenn die ganze Familie liebevoll ausgesuchte oder selbst gemachte Gaben tauscht. Wie wäre es zum Beispiel mit einer neuen Kuschelhöhle, einem Katzenzelt, einem Trinkbrunnen oder einer Katzenhängematte? Wenn das Präsent dann noch knisternd verpackt oder in einer Kiste voll zerknülltem Seidenpapier versteckt ist, hat der Stubentiger besonderen Spaß am Entdecken. Bitte lassen Sie die Katze beim Auspacken aber nie unbeaufsichtigt! Bänder und Schnüre können ihr ebenso gefährlich werden wie zerbrechliche Weihnachtskugeln aus Glas. Denn beim wilden Raufen kann das Dekoband schnell zum Würgegerät werden. Auch Lametta mit seinen scharfen Rändern kann beim Aufnehmen durch die Katze zu inneren Verletzungen führen. Mit Geschenkpapier, Kartons und Füllmaterial darf die Katze dagegen gern spielen.

Damit die Wartezeit bis zum Fest nicht so lang wird, können Sie Ihre Mieze schon mal mit einem Adventskalender erfreuen.

Nehmen Sie einen leeren Türchen-Kalender vom Vorjahr oder entfernen Sie aus einem neuen die Schokostückchen. Befüllen Sie den Kalender dann neu mit Leckerchen. Oder Sie werden richtig kreativ. Warum nicht 24 kleine Überraschungen in katzensicherer Höhe nebeneinander auf eine Girlande hängen? Das können kleine Spielzeuge sein, selbst gebastelte Tierchen mit duftender Füllung oder natürlich Leckerlis. Am besten verpacken Sie jedes Leckerli einzeln in durchsichtige Folie. So bleibt alles frisch. Sie können die Girlande auch mit selbst gebackenen Katzen-Plätzchen behängen. Auf die Plätzchen, fertig, los!

Hier das Rezept für schmackhafte Katzenplätzchen:

Zutaten:
100 g Margarine
1 Teelöffel Melasse (aus Bioladen oder Reformhaus)
125 g Weizenmehl
30 g Katzenflocken
Eigelb zum Bestreichen
Öl für das Backblech

Und so wird es gemacht:
Rühren Sie die Margarine mit der Melasse schaumig, geben Sie dann löffelweise das Mehl dazu. Zum Schluss die Katzenflocken unterrühren. Den Teig zu einer Kugel formen und für 15 Minuten in den Kühlschrank stellen. Anschließend ausrollen, Plätzchen ausstechen und auf das eingeölte Backblech geben. Nach Belieben mit Eigelb bestreichen und/oder mit Trockenfutter verzieren. Etwa neun Minuten bei 180 Grad backen. Abkühlen lassen – fertig!

Sicherheit geht vor, auch an Weihnachten und Silvester!

So schön die Feste zum Jahreswechsel auch sind, für Katzen können sie gefährlich werden. Überall lauern Gefahren, die der Mieze und Ihnen das Fest schnell vermiesen können.

Süßes in Sicherheit bringen

Das fängt schon beim süßen Teller an. Zur Weihnachtszeit duftet es bei uns Menschen ganz verführerisch nach allerlei Leckereien. Plätzchen und Schokolade gehören zum Pflichtprogramm. Aber all die schmackhaften Kleinigkeiten, die uns Menschen so gut schmecken, sind absolut tabu für unsere Katzen. Trotzdem möchten unsere Samtpfoten allzu gern davon

Am Ende des Spiels sollte die Katze erfolgreich „Beute machen" – sonst ist sie frustriert.

naschen oder zumindest mal probieren. Da heißt es aber definitiv: Pfoten weg! Katzen können Süßes gar nicht schmecken, werden also von den Süßigkeiten nicht instinktiv ablassen. Und Achtung! Schokolade ist für Katzen giftig. Theobromin heißt der Stoff, der in Kakao enthalten ist und für unsere Stubentiger gefährlich ist. Behalten Sie also die Süßigkeiten im Auge! Umso mehr freut sich Ihre Samtpfote natürlich über eigene Katzenplätzchen oder andere Leckerchen, die Sie für ganz besondere Anlässe reservieren!

Weihnachtssterne sind für Katzen giftig!
Es geht in Richtung Weihnachten, und schon ist er überall zu sehen. Bei jedem Floristen, in jedem Supermarkt, auf jeder Kaffeetafel – der Weihnachtsstern. Zugegeben, hübsch ist er ja anzusehen. Seine knallroten Blätter versprühen Wärme und ein typisch weihnachtliches Ambiente. Dennoch: Der Weihnachtsstern ist für unsere Katzen giftig und kann beim Verzehr bis zum Tod der Katze führen. Unsere Samtpfoten knabbern nun mal gern an Pflanzen, vor allem wenn sie neu gekauft, plötzlich auf dem Tisch stehen. Sie sollten also auf diese festliche Deko an Weihnachten verzichten. Übrigens: Für die Mistel, die vielerorts als Glücksbringer aufgehängt wird, gilt das Gleiche. Feiern Sie Ihrer Katze zuliebe also besser ohne Weihnachtsstern.

Brennende Kerzen und Adventskranz
Zur besinnlichen Zeit gehört in vielen Haushalten der Adventskranz. Aber wie heißt es in dem bekannten Kinderreim: „Messer, Gabel, Scher und Licht – sind für kleine Kinder nicht!", und das gilt auch für Katzen. Mit Licht sind hier die brennenden Kerzen auf dem Kranz gemeint. Katzen stecken ihre Nase gern mal neugierig in und an Dinge. Verbrennungsgefahr für die Katze droht oder sogar für die Wohnung, wenn die Samtpfote die Tischdecke mitsamt dem Kranz vom Tisch räumt. Lassen Sie sie mit brennenden Kerzen also niemals allein im Zimmer!

Für die Katze basteln und Feste feiern

Der Weihnachtsbaum – kein Kletterbaum!
Mit dem Fest naht der Weihnachtsbaum. Wenn eine Katze im Haus wohnt, muss der Baum besonders gut gestützt werden. Denn Katzen können und wollen klettern. Sie machen beim Weihnachtsbaum keine Ausnahme. Denken Sie also rechtzeitig an eine feste Verankerung!

Lichterketten – keine sichere Alternative
Wer am Christbaum brennende Kerzen der Katze zuliebe vermeiden will, entscheidet sich oft für Lichterketten. Aber auch hier lauert die Gefahr. Denn Katzen knabbern allzu gern an allem Möglichen. Auch an Lichterketten. Das kann zu einem Stromschlag führen. Lassen Sie Ihre Katze mit dem Lichterglanz niemals allein.

Voll konzentriert bei der Sache.

Silvesterknaller – kein Vergnügen für die Mieze
Und kaum sind die Weihnachtsfeiertage überstanden, steht für Katzen eine neue potentielle Bedrohung an: der Silvesterabend mit seinen Böllern und Raketen. Sobald am Silvestertag die ersten vereinzelten Feuerwerkskörper knallen, gehört die Katze unbedingt ins Haus. Wenn ein Kracher in ihrer Nähe gezündet wird, versetzt der Knallkörper sie sonst in Panik und kann sie in Lebensgefahr bringen. Achten Sie darauf, dass auch eine Freilaufkatze sicher in den eigenen vier Wänden bleibt, und zwar am besten bis einen Tag nach Neujahr, weil auch nach Silvester immer noch Restknaller gezündet werden. Feuerwerkskörper verwandeln den Himmel mit bunten Farben und Glitzer in eine strahlende Pracht. Das ist schön anzuschauen – auch für Katzen. Wäre da nur nicht der ohrenbetäubende Krach! Für unsere Miezen ist das zum Teil der blanke Horror. Sie verstehen einfach nicht, was plötzlich passiert. Und weil sie nun mal um ein Vielfaches besser hören als wir Menschen, verkriechen sich viele Samtpfoten ängstlich. So sehr sich Ihre Katze aber auch fürchtet, trösten Sie sie nicht. Reden Sie ruhig und verhalten Sie sich wie immer. Bestätigen Sie Ihre Katze nicht in ihrer Angst. Zum Glück dauert der Lärm ja nicht ewig und vielleicht gelingt es Ihnen, die Katze mit einem neuen Spielzeug abzulenken. Wenn Sie außer Haus feiern, schließen Sie alle Fenster und Türen, damit keine verirrte Rakete Ihre Wohnung in Brand setzen kann. Halten Sie auch alle Jalousien geschlossen und schaffen Sie mir ruhiger Musik oder dem eingeschalteten Fernseher eine ruhige Atmosphäre für Ihre Mieze. Bei lautem Feiern in der eigenen Wohnung ist es ideal, wenn die Katze auf ein ruhiges Zimmer ausweichen kann. Und sollte wirklich etwas passieren, ist es immer gut, eine Liste mit Notrufnummern bereit zu halten, damit Tierrettung oder Notdienst schnell zur Stelle sind.

Viele Menschen lieben es zu dekorieren – der Schmuck sollte aber „katzensicher" sein.

Impressum

Satz: BUCHFLINK Rüdiger Wagner, Nördlingen
Layout: Karin Vollmer, München
Repro: Cromika, Verona
Herstellung: Anna Katavic
Printed in Slovenia by Korotan

Alle Angaben dieses Werkes wurden von den Autoren sorgfältig recherchiert und auf den aktuellen Stand gebracht sowie vom Verlag geprüft. Für die Richtigkeit der Angaben kann jedoch keine Haftung übernommen werden.

Bildnachweis: Alle Fotos von Thomas Brodmann, mit Ausnahme: S. 2 (rechts), S. 62, S. 64, S. 68, S. 69, S. 94 Fotolia; S. 6, S. 8, S. 12, S. 53 Panthermedia; S. 7, S. 10, S. 15, S. 17 Istockphoto; S. 13 (3), S. 14 123RF.com

Genehmigte Sonderausgabe
© 2014 Ein Herz für Tiere Media GmbH
in Zusammenarbeit mit Bruckmann Verlag GmbH, München

ISBN 978-3-7654-8386-3